U0107918

丹青难写是精神

《红楼梦》英译品读

丹青难写是精神

红楼梦 英译品读

王晓辉 著

新世界出版社
NEW WORLD PRESS

序

2019 年王晓辉的《换一种语言读金庸》出版时，我在序言里曾经对他做了如下简短介绍："人们平时所熟悉的王晓辉曾经是一线外事翻译，担任过中华网总编辑，近年又挑起了中国权威外宣网站——中国网的总编辑重任，领衔管理着我国最大的多语外宣网站。平时看到他的作品通常是在涉外媒体论坛上的发言，尤其是他自导自播的中国网王牌节目《中国三分钟》。然而，就是这样一位新闻人、译者，不声张，踏踏实实推出了这本新著。"

时隔一年多，今天对他的介绍需要增加两个内容：一个是 2020 年在中国网、江苏卫视和爱奇艺上开播的《似是故人来》大型实景文化类深度访谈系列纪录片，他是主要策划者，也是唯一主持人；另一个就是他出版了新作《丹青难写是精神：〈红楼梦〉英译品读》。这本新书也标志着他的"名著英译比较和鉴赏"成为系列读物。

《红楼梦》是中国的文学经典，是了解中国传统文化的一部百科全书。自然，《红楼梦》英文版阅读者众，研究者多。在不断出版的学术著作中，在专业期刊里，在频繁举办的各种翻译研讨会上，《红楼梦》翻译都是永恒的话题。许许多多的专家学者都对比过杨宪益和戴乃迭夫妇在中国出版的《红楼梦》英译本与霍克斯和闵福德合译的英文版。各种研究成果从主题到形式、从语言到风格、从译者背景到社会反响，所涉及的内容包罗万象，丰富多彩，甚至有时给人一种目不暇接的感觉。

在这种背景下，王晓辉这本《丹青难写是精神：〈红楼梦〉英译品读》有什么特殊之处呢？

第一是他独到宽阔的视野。在这本书中，作者不是讨论杨宪益的译文和霍克斯的译文之长短，也没有局限在译法和用词上。为了讨论对人物相貌的翻译，我们看到的是他比较了英国作家托马斯·哈代笔下对苔丝的描述和美国作家西德尼·谢尔顿对詹妮弗·帕克的刻画。看过这些英文大牌作家的笔墨，再读曹雪芹对东方女性的写真，在这样的基础上导出两组译者对《红楼梦》人物长相的用词，讨论的平台更高，距离目标读者更近。王晓辉把旁征博引的本事发挥到极致，以至于在本来是探讨《红楼梦》两个英译文的一本书里，我们甚至听到了美国黑人的歌曲，看到了曹操气吞山河的诗词霸气，领会到了明清诗词的高峰峻岭。且慢！王晓辉讨论的不仅是杨宪益和霍克斯的两个英译本《红楼梦》，他还顺便分析了林语堂那部800多页但未出版的英译书稿的林氏风格。三个译本对照研究，这功夫大了。也许对《红楼梦》翻译研究知之甚少，这是我本人第一次在一本著作里领略三个译本同台打擂。我想，红学是一门颇受人们喜爱的学科。王晓辉这本书的出版，加上此前众多学者的作品，完全形成了一门"红学英译学"的学问。

第二是王晓辉解读译者的职业精神和学术态度。既然这本新书的书名是《丹青难写是精神：〈红楼梦〉英译品读》，它让人们品出什么？读到什么呢？

我认为这本书品出了四位译者对原著的深刻理解，读出了他们的执着精神。翻译这个职业让译者比他人在阅读时更加认真仔细，咬文嚼字。无论是杨宪益夫妇还是霍克斯及其女婿闵福德，为了书中的一个字词、一件物品、一场游戏、一句对话，无论多么高雅还是多么粗俗，都绝不停留在一知半解上，而是刨根问底，请教专家学者，绝不含糊。他们翻译了《红楼梦》，都成了红学专家。

第三是他品出了对译者的尊重，读出了对职业的敬畏。王晓辉的书不是就某一段译文对比，主观地评论哪个优，哪个劣。他所讨论的话题没有停留在哪首诗翻译得美妙，哪句话翻译得准确。他的品读跳出了一般学术讨论的局限，再现了老一代翻译家一丝不苟忠实原文的职业道德，再次给未来的译者树立了标杆。他品出了译者的伟大，读出了翻译的光荣。

第四是王晓辉的新书品出了中国文化的博大精深，读出了中国历史的悠久。中国历史源远流长，但这也是翻译的难点所在。王晓辉举例说明两组译者如何跳出翻译的陷阱，甩掉种种羁绊，既化繁为简，又追求细腻，越是难点，越是有神来之笔，酣畅流利地讲述了中国文化的辉煌。

第五是王晓辉的新书品出了中国文化的典雅，读出了中国社会芸芸众生的形态和心理。靓女俊男、琴棋书画、雕梁画栋的建筑、五颜六色的服饰、琳琅满目的摆设、神秘奥妙的人物名字、饮酒对诗的隐喻、中医中药的东方神秘……林林总总，所有这些在展示中华文明的丰富久远的同时，给英译设置了一道道高不可攀的障碍。王晓辉为我们展现了英译大师们如何发挥自己的聪明才智，过关斩将，逢凶化吉，硬是把不可能完成的使命完成得美轮美奂。读这本新书，我品出了王晓辉对翻译的喜爱，更读出了他对译者的敬仰。

作为读者，通过王晓辉的写作，我们可以品出两组译者的风格，读出他们的文字功底；品出他们在翻译道路上的执着，读出他们学术人生的五味杂陈。作者让我们品出杨宪益的文化自信，读出霍克斯东西方文化严丝合缝的结合；让我们品出杨宪益中译英超凡脱俗的水平，读出霍克斯对中华文化的深度喜爱。正是因为他们的这种精神，让我们通过他们的译作，品出文化传播的辛苦，读出他们人生的真谛。

这本书的一个绝妙之处是，依靠王晓辉一贯的轻松愉快、机智幽默的写作风格，让读者看着这本书，犹如再次阅读《红楼梦》。跟随作者行走在中国文化的"大观园"，从翻译对比的角度感受中国传统文化的优美，对两组译者更加尊敬，对中国文化更加喜爱。相信，凡是对中国文化对外传播有兴趣的人士，都会从这本书中受到启发，得到享受。

黄友义

2020 年 1 月 19 日

目 录

看大师如何破译
隐喻和谐音

　　《红楼梦》作为中国文学的代表能够走向世界，为西方读者所了解，主要归功于四位译者：大卫·霍克斯、约翰·闵福德和杨宪益、戴乃迭。前两位是师生兼翁婿，后两位则是夫妻。这两对组合分别于二十世纪七八十年代将《红楼梦》译成英文，让外国读者能够走进大观园，一窥这座奇伟瑰丽的文学宝库。

　　霍克斯是英国人，汉学家，1948 年—1951 年曾就读于北京大学，回国后任教于牛津大学中文系。1970 年，霍克斯开始翻译《红楼梦》。这是一项开天辟地的工程，为此，霍克斯辞去了牛津大学中文系的教职，全心全意地投入了翻译工作，直到 1980 年，才将《红楼梦》的前八十回（曹雪芹著）译著出版。曹雪芹写作《红楼梦》，"披阅十载，增删五次"；霍克斯翻译《红楼梦》，同样历时十年。曹雪芹为写《红楼梦》，贫困潦倒，举家食粥；霍克斯为译《红楼梦》，一度生活窘迫，曾经想找一个送牛奶的工作贴补家用，当店老板得知他是牛津大学的教授，却以"学术背景过高，不适合此项工作"为由婉拒了他。看来，成就大事者，必经艰苦磨砺，古今同理，中外皆然。

翻译《红楼梦》，困难重重。首先遇到的障碍就是"甄（真）"与"贾（假）"，梦境与现实以及大量隐喻、谐音的处理。《红楼梦》虽然是文学创作，但所记之事，不仅是作者亲身经历，而且有很多情节涉及皇家，因此，作者不得不隐去真名，借女娲补天的故事，引出通灵宝玉的前世今生。曹雪芹在小说中反复使用写"梦"的手法，拉开故事情节与现实生活的距离，同时，又用大量的隐喻、暗示，包括人名和地名的谐音，将故事与真实联系起来。书中第一回甄士隐在梦中见到"太虚幻境"石牌坊上的一副对联："假作真时真亦假，无为有处有还无（Truth becomes fiction when the fiction's true, Real becomes not-real when the unreal's real.—霍克斯译；When false is taken for true, true becomes false; If non-being turns into being, being becomes non-being.—杨宪益译)"，似乎也是在提示读者书中真实与虚构的复杂关系。

《红楼梦》第一回：

当日地陷东南，这东南一隅有处曰姑苏，有城曰阊门者，最是红尘中一二等富贵风流之地。这阊门外有个十里街，街内有个仁清巷，巷内有个古庙，因地方狭窄，人皆呼作葫芦庙。庙旁住着一家乡宦，姓甄，名费，字士隐。嫡妻封氏，性情贤淑，深明礼义。家中虽不十分富贵，然本地便也推他为望族了。因这甄士隐禀性恬淡，不以功名为念，每日只以观花修竹、酌酒吟诗为乐，倒是神仙一流人品。只是一件不足：如今年已半百，膝下无儿，只有一女，乳名唤作英莲，年方三岁。

这段文字看似平铺直叙，却大有深意。《红楼梦》故事从这里拉开序幕，女娲补天剩下的那块石头（贾宝玉）、绛珠仙子（林黛玉）等一批痴男怨女均在这个时候投胎转世，坠入红尘，等待他们的是阊门（娼门）、十里街（势利街）、仁清巷（人情巷）……俱是人间的烦恼、苦难的根源。第一个出场的人物姓甄（真）名费（非）字士隐（事隐），既是真又是非，同时，还将"真事隐"了！

这样一小段文字，就隐藏着这么多地名人名的谐音和隐喻，霍克斯会怎么处理呢？

他是这样翻译的：

Long, long ago the world was tilted downwards towards the south-east; and in that lower-lying south-easterly part of the earth there is a city called Soochow; and in Soochow the district around the Chang-men Gate is reckoned one of the two or three wealthiest and most fashionable quarters in the world of men. Outside the Chang-men Gate is a wide thoroughfare called

Worldly Way; and somewhere off Worldly Way is an area called Carnal Lane. There is an old temple in the Carnal Lane area which, because of the way it is bottled up inside a narrow culdesac, is referred to locally as Bottle-gourd Temple. Next door to the Bottle-gourd Temple lived a gentleman of private means called Zhen Shi-yin and his wife Feng-she, a kind, good woman with a profound sense of decency and decorum. The household was not a particularly wealthy one, but they were nevertheless looked up to by all and sundry as the leading family in the neighborhood. Zhen Shi-yin himself was by nature a quiet and totally unambitious person. He devoted his time to his garden and to the pleasure of wine and poetry. Except for a single flaw, his existence could, indeed, have been described as an idyllic one. The flaw was that, although already past fifty, he had no son, only a little girl, just three years old, whose name was Ying-lian.

　　霍克斯不愧是一位汉学家，他没有采用音译的办法，而是用转译的手法，将"十里街"译为 Worldly Way，意思是"势利街"，将"仁清巷"译为 Carnal Lane，意思是"世俗巷"。无论是什么灵石还是仙草，一旦堕入凡间，等待他们的不就是名缰利索和情怨苦恨吗？这样的翻译，不仅保留了原意，而且还与作者"神合"，殊为不易。当然，也不是每一处谐音、隐喻和游戏笔墨都要直白译出，如果将"阊门"译成 Brothel Gate，将甄士隐译成 Hidden Truth，反有过分之嫌。

　　霍克斯在英译本的前言中也提到《红楼梦》中的梦境：The idea that the worldling's 'reality' is illusion and that life itself is a dream from which we shall eventually awake is of course a Buddhist one; but in Xueqin's hands it becomes a poetical means of demonstrating that his characters are both creatures of his imagination and at the same time the real companions of his golden youth.（佛教认为，一切俗世的"真实"皆为虚幻，人生只是一场终将醒来的梦。在曹雪芹的笔下，佛家的这种观念却变成了浪漫的写作手法，作者年轻时的真实际遇与创作中的虚幻想象有机结合，难分彼此。）

对于书中的象征、隐喻和谐音，霍克斯是这样理解的：...but many of the symbols, word-plays and secret patterns with which the novel abounds seem to be used out of sheer ebullience, as though the author was playing some sort of game with himself and did not much care whether he was observed or not. Many such subtleties will, I fear, have vanished in translation. My one abiding principle has been to translate EVERYTHING- even puns. For although this is, in the sense I have already indicated, an 'unfinished' novel, it was written and rewritten by a great artist with his very lifeblood. I have therefore assumed that whatever I find in it is there for a purpose and must be dealt with somehow or other. I cannot pretend always to have done so successfully, but if I can convey to the reader even a fraction of the pleasure this Chinese novel has given me, I shall not live in vain.（小说中颇多象征、隐喻及游戏笔墨，应系作者兴之所致，信手拈来，仿佛在与自己捉迷藏，至于是否有人观看，他并不甚在意。但这些微妙含蓄之处，恐怕已在翻译过程中消失殆尽了。我始终不渝的原则就是"全部"翻译出来，即使是双关语也要设法译出。虽然这是一本未完成的小说，但却是一位伟大的艺术家用生命之血写成，所以，我认为小说里的内容，不论是什么，必有其存在的目的，无论如何也要想办法处理，不能删减。我不能说自己做得有多么成功，但只要能够将这本中国小说带给我的快乐，哪怕是很小的一部分，传递给读者，也算不虚此生了。）

霍克斯的担心不是没有道理，在语言转换的过程中，最难处理的就是谐音之类的文字游戏了。英语中也常有这样类似于脑筋急转弯的话：He is a man of letters – he works in a post office. 就像中国的歇后语"肚皮上盖章——印度"一样，只可意会，一旦转换成另一种语言，由谐音构成的逻辑与幽默都不复存在了。连霍克斯这样的大师级译者尚存遗憾，足见翻译之难。

　　霍克斯花费十年光阴翻译的《红楼梦》，是中国文学外译的精品，也是对中国文化的巨大贡献。后学晚辈，茶余饭后，换一种语言品读红楼，在两种文字转换之间体会语言文化的微妙，偶有心得，与朋友分享，也是人生一大乐趣。

贾宝玉和林黛玉
究竟长什么样

　　近年来，美容、整容之风盛行，媒体经常报道有中国爱美的女人去韩国垫鼻梁、割双眼皮儿。由此，我想到了一个问题：为什么西方人描述人的长相时很少提及"双眼皮儿"，而中国人对此则格外重视？仔细一琢磨，好像是这么一回事儿。在我读过的有限的英语小说中，还真没见过谁长着一对儿 double-fold eyelids。我读书不多，又没有大数据支撑，不敢妄下断言，只是一种感觉而已。或许是因为在西方，大眼睛双眼皮儿的人比比皆是，而中国人从人种学的角度上说，属于蒙古人种，小眼睛单眼皮儿的人多，所以，对双眼皮儿反而格外关注。越是没有，越觉得稀罕，就像成吉思汗一样，明明是草原帝国的王者，偏偏要做"大海的汗"（"成吉思"在蒙古语中是大海的意思），这大概与我们常说的"缺啥补啥"是一个道理。

由此又联想到中西方文学作品在描写人物相貌方面的差异。英美作家往往关注体形、肤色、发型、眼睛的颜色等，着墨不多，相对简洁；而中国的小说则注重神态，多用比喻，男的不是虎背熊腰，就是豹头环眼，女的要么蛾眉柳腰，要么桃腮杏眼。说实话，我至今也想不清楚"豹头环眼"究竟是个什么样子。

我们先来看看英国作家托马斯·哈代笔下的苔丝姑娘：

She was a fine, handsome girl – not handsomer than some others, certainly – but her mobile peony mouth and large innocent eyes added eloquence to color and shape. She wore a red ribbon in her hair, and was the only one of the white company who could boast of such a pronounced adornment.

在这段描写中，哈代只是寥寥几笔，交代了苔丝姑娘的容貌："她是个好看的女孩儿，当然，也不见得比其他几个女孩儿漂亮，但她花瓣儿一样的嘴唇儿和天真的大眼睛，为她平添了一份活泼的姿色。"

再举一个例子，美国当代小说家西德尼·希尔顿《天使的愤怒》中女主角詹妮弗·帕克：

> Jennifer Parker was a slender, dark-haired girl of twenty-four with a pale skin, an intelligent, mobile face, and green, thoughtful eyes.

西德尼·希尔顿只用了一句话六个形容词来描述詹妮弗·帕克：24岁，苗条的身材，深色的头发，皮肤白皙，脸上透着灵气，绿色的眼睛仿佛在思考着什么。

哈代与希尔顿对人物的描画，各有各的长处，着墨不多，却有清晰的画面感。不过，比起曹雪芹铺张的描写，他们的文字就显得单薄了。

我们先来看看《红楼梦》第三回贾宝玉亮相时的排场：

（黛玉）心中想着，忽然见丫鬟话未报完，已进来了一位年轻公子：头上戴着束发嵌宝紫金冠，齐眉勒着二龙抢珠金抹额；穿一件二色金百蝶穿花大红箭袖，束着五彩丝攒花结长穗宫绦，外罩石青起花八团倭缎排穗褂；登着青缎粉底小朝靴。面若中秋之月，色如春晓之花，鬓若刀裁，眉如墨画，面如桃瓣，目若秋波。虽怒时而若笑，即瞋视而有情。项上金螭璎珞，又有一根五色丝绦，系着一块美玉。

用韦小宝的话说，这哪里是凡间人物，分明是天上神仙！

这一身繁复奢华的衣服行头不说，仅那一连串关于面色眉目的比喻就能把读者的想象力带到云端之上。不知道当初霍克斯费了多大心力才把这一段描写翻译出来。"鬓若刀裁，眉如墨画"和"目若秋波"还好理解，但"面如桃瓣"呢？"怒时而若笑，即瞋视而有情"又是个什么表情？

霍克斯是这样翻译的：

> As to his person, he had:
>
> a face like the moon of Mid-Autumn,
>
> a complexion like flowers at dawn,
>
> a hairline straight as a knife-cut,
>
> eyebrows that might have been painted by an artist's brush,
>
> a shapely nose, and
>
> eyes clear as limpid pools,
>
> that even in anger seemed to smile,
>
> and, as they glared, beamed tenderness the while.

  或许是因为前面已经有了"色如春晓之花"，霍克斯省略了"面如桃瓣"一句，其他则逐字译出。最后两句，霍克斯采用了变通的手法，用了一个定语从句，将"虽怒时而若笑，即瞋视而有情"两句与前一句"目若秋波"

连接起来，主语变成了眼睛，这样，转换成英文之后，就成了"他的眼睛如秋水一般清澈，即使是生气的时候也带着笑意，顾盼之间，传递着亲切温柔"。杨宪益的处理方法与霍克斯不同，他将"虽怒时而若笑，即瞋视而有情"独立成为一句译出：Even when angry he seemed to smile, and there was warmth in his glance even when he frowned.

霍克斯的翻译突出"眉目传情"，也更符合西方读者的思维习惯；杨宪益先生的翻译侧重人物整体神态，与原文更为贴近。

临到黛玉出场，曹雪芹更是妙笔生花：

> 两弯似蹙非蹙罥烟眉，一双似喜非喜含情目。态生两靥之愁，娇袭一身之病。泪光点点，娇喘微微。闲静时如娇花照水，行动处似弱柳扶风。心较比干多一窍，病如西子胜三分。

霍克斯教授的译文：

Her mist-wreathed brows at first seemed to frown, yet were not frowning;

Her passionate eyes at first seemed to smile, yet were not merry.

Habit had given a melancholy cast to her tender face;

Nature had bestowed a sickly constitution on her delicate frame.

Often the eyes swam with glistening tears;

Often the breath came in gentle gasps.

In stillness she made one think of a graceful flower reflected in the water;

In motion she called to mind tender willow shoots caressed by the wind.

She had more chambers in her heart than the martyred Bi Gan;

And suffered a tithe more pain in it than the beautiful Xi Shi.

　　这段话的风格很像曹植的《洛神赋》，一大段文字读下来，或静或动，或行或止，可还是搞不清楚林黛玉究竟长得什么样，只觉得这是个神仙般的人物。前半部分还好办，尽管复杂，霍克斯和杨宪益这样的大师级翻译家都能很好地处理，但最后一句涉及两个典故，无论如何也绕不过去。不解释，外国人不懂；解释，更加不懂。如果使用注解，不仅要介绍比干和西施两个人物，还要讲述"比干剖心"和"西子捧心"两个成语典故，越说越多，甚至可能节外生枝，把读者搞得更加糊涂。霍克斯采取了直译的方法，让外国读者明白大意即可，如果他们中的一些人对中国文化感兴趣，可以进一步查阅资料，深入研究。但这样直译，可能有很多读者会产生误解，林黛玉是不是有先天性心脏病啊？要不然怎么会"had more chambers in her heart"而且还"suffered a tithe more pain"呢？其实，"病如西子胜三分"，并不是说林黛玉的心绞痛比西施还严重，而是说她神态娇弱，比之西施还要美上三分。

　　杨宪益则进了一步，将"心较比干多一窍，病如西子胜三分"译为 She looked more sensitive than Pi Kan, more delicate than Hsi Shih，告诉读者，林黛玉很敏感，很娇弱，至于比干和西施是何许人也，就不那么重要了。

说来说去，还是要归结为中西语言文化的差异。在外貌描写上，西方人注重写实，中国人追求神韵，其间的差异就如同油画与水墨画一样。结果，翻译夹在当中，痛苦不堪。霍克斯和杨宪益两位大师的翻译，如春兰秋菊，各擅胜场。后学晚辈，在高山仰止的同时，如能领略一二，发现一些值得商榷的地方，即使拿不出更好的译法，也算是有所收获了。

贾宝玉悟禅机，
大师译偈语

　　《红楼梦》最先出场的人物是一僧一道。他们携女娲炼石补天剩下的一块石头下凡历劫，引出了一段繁华转瞬、悲喜千般的故事。最后的结局是贾宝玉看破红尘，遁世出家。书中的很多情节均与佛教内容有关，隐约暗示着人物的命运走向。

　　有关佛教内容的翻译是个大难题。宗教是精神层面上的东西，本身就非常深奥，加之一千多年来佛教经典经过鸠摩罗什、玄奘等高僧大德的翻译、提炼，文字典雅，语意玄奥，别说翻译成英文，就是用中文讲清楚也不是一件容易的事。

　　《红楼梦》第二十二回：听曲文宝玉悟禅机制灯谜贾政悲讖语。宝玉因怕林黛玉和史湘云之间出现误会，从中调和，谁知两头不讨好，受了夹板气，又想到当天看的戏文中有"赤条条来去无牵挂"一句，顿觉天地异色，人生无趣，遂提笔立占一偈云：

> 你证我证，心证意证。
>
> 是无有证，斯可云证。
>
> 无可云证，是立足境。

写毕偈语，还担心别人看不懂，又填了一只《寄生草》，算作注解：

> 无我原非你，从他不解伊。肆行无碍凭来去，茫茫着甚悲愁喜？纷纷说甚亲疏密？从前碌碌却因何？到如今，回头试想真无趣！

此时的宝玉，还是怡红院的贵公子，上有祖母呵护，下有丫鬟伺候，身边姊妹环绕，哪里能体会到人情冷暖、世事艰难，更别说家道衰败、生离死别了，所以，他的这点儿烦恼只不过是"一斛闲愁"而已。

"证"是印证、验证的意思，在佛教用语中又作领悟解。释迦牟尼曾坐在菩提树下发下宏愿，如不能证得无上大觉，誓不离此座。而宝玉所写的偈，虽是谈禅，其实是在说情，他笔下的"证"，是验证甚至是表白的意思。

霍克斯和杨宪益两位大师都看到了这层意思，没有简单地按照佛教用语的本意翻译。

霍克斯的译文：

Jumping up from the bed, he went over to his desk, took up a writing-brush, and wrote down the following lines in imitation of a Buddhist gatha:

I swear, you swear,

With heart and mind declare;

But our protest

Is no true test.

It would be best

Words unexpressed

To understand,

And on that ground

To take our stand.

杨先生的译文：

Getting up, he went to his desk, took up a brush and

wrote this verse in the style of a Buddhist gatha:

Should you test me and I test you,

Should heart and mind be tested too,

Till there remained no more to test,

That test would be of all the best.

When nothing can be called a test,

My feet will find a place to rest.

"偈"是"偈陀"的简称，音译于梵文的 Gāthā，是

"颂"的意思，也就是佛经中的唱词，略似于诗，通常以四句为一偈。两位大师将语意深奥的偈语以最简明的英文翻译出来，所用的单词，应该都在今天小学生能够掌握的词汇范围之内。这份化繁为简、返璞归真的功力，没有多年的修为是办不到的。更为难得的是，译文节奏明快，合辙押韵，而且句子的长短都差不多，读起来也朗朗上口，很符合偈语便于记忆、适合传唱的特点。霍克斯的译文极短极简，如"你证我证，心证意证"，翻译成 I swear, you swear, with heart and mind declare，堪称天衣无缝，达到了许渊冲先生倡导的"三美"（意美、形美、音美）要求。杨先生的译文看上去很像汉语的格律诗，每一行都是七八个字，所有的单词都不超过两个音节，不仅文意明白畅晓，读起来也是抑扬顿挫、韵味十足。

霍克斯和杨宪益两位先生的译文，最大的差别就在于对"证"字的处理上。宝玉此时悟禅，是因少男少女之间的隙恼而起，写的是偈语，想的还是感情。所以，他的"你证我证，心证意证"，说到底，还是在试图表白自己和求证对方的感情。霍克斯倾向前者，用了"swear"
一词；杨宪益偏重后者，用了"test"一词。两种译法均
能表达作者的原意，只不过一个是"证己"，一个是"证他"。

　　黛玉看了宝玉的偈和那只《寄生草》，知他怄气，便
与湘云和宝钗前来劝解，并半开玩笑地为他的偈续上两
句："无立足境，是方干净。"在金陵十二钗中，林黛玉
天分最高，悟性也最强，她接的最后两句，更为彻底，
已至"空"的境界。

　　霍克斯的译文：

But, I perpend,

To have no ground

On which to stand

Were yet more sound.

And there's an end!

　　杨宪益的译文：

> When there's no place for feet to rest,
>
> That is the purest state and best.

　　霍克斯和杨宪益各自按照自己的风格翻译了最后一句。霍克斯为了使译文完整押韵，特意加上了"but, I perpend"（我仔细思考）和"were yet more sound"（更加彻底），这是英诗中常见的写法，特别是在双韵体诗中更是常见。只是加上了"but, I perpend"，使得"我"成为偈语的一部分，成为一句话的主语，在一定程度上减弱了偈语的"距离感"，显得有些过于"实"了。杨宪益的译文还是七八个字一句，与前面的译文浑然一体，而且，每行最后一个字不是 test 就是 best，还原了原文"你证我证，心证意证"的节奏韵味，读起来还真有点儿念经的感觉。

　　书中这一段小插曲，说笑间也就过去了。宝玉这次"动禅心"只是一时冲动，不过，这也是曹雪芹的一个伏笔。日后，伴随着年龄增长，家道中落，爱情幻灭，特别是林黛玉之死，让宝玉真正体会到人生的苦厄，他后来的参悟，则是另一种心情、另一种境界了。

　　写到这里，忽然想起以前听过的一首美国歌曲《Say You, Say Me》，是乡村音乐风格，由黑人歌手莱昂纳尔·里奇演唱，开始的两句是：

Say you, say me,

Say it for always that's the way it should be.

Say you, say me,

Say it together naturally.

可译为：

说你说我，应如是说；

你谈我谈，自然而然。

如果这样翻译的话，倒是很像"你证我证，心证意证"的衍生版。

透过荣禧堂
看中国传统文化

　　《红楼梦》不仅是一部伟大的文学作品，也是一部中国明清时代社会生活的百科全书。诗词歌赋，酒令灯谜，花鸟鱼虫，星象中医，涵盖了当时社会生活的方方面面。清代学者王希廉谓其"包罗万象，囊括无遗，可谓才大如海，岂是别部小说所能望其项背"。

　　撇开错综复杂的故事情节不说，仅书中涉及的楼阁厅堂楹联匾额器物摆设就够开一门民俗课了。

　　《红楼梦》第三回，林黛玉到荣国府见王夫人。内堂的陈设是这样的：

　　　　进入堂屋中，抬头迎面看见一个赤金九龙青地大匾，匾上写着斗大的三个大字，是"荣禧堂"，后有一行小字："某年月日，书赐荣国公贾源"，又有"万几宸翰之宝"。大紫檀雕螭案上，设着三尺来高青绿古铜鼎，悬着待漏随朝墨龙大画，一边是金蜼彝，一边是玻璃盒，地下两溜十六张楠木交椅，又有一副对联，乃乌木联牌，镶着錾银的字迹，道是：

"座上珠玑昭日月，堂前黼黻焕烟霞。"

曹雪芹通过对堂屋陈设摆件的描写，展示了荣国府的奢华与尊贵。这些陈设摆件，极具中国特色，有些甚至是中国独有的东西。译者如果要向外国读者解释清楚，同时还要保持语言的流畅优美，实在是太不容易了。

原文第一句，霍克斯的译文是：

High overhead on the wall facing her as she entered the hall was a great blue board framed in gilded dragons, on which was written in large gold characters

THE HALL OF EXALTED FELICITY

with a column of smaller characters at the side giving a date and the words'...written for our beloved subject, Jia Yuan, Duke of Rong-guo', followed by the Emperor's private seal, a device containing the words 'kingly cares' and 'royal brush' in archaic seal-script.

杨宪益先生的译文：

Once inside the hall she looked up and her eye was caught by a great blue tablet with nine gold dragons on it, on which was written in characters large as peck measures:

Hall of Glorious Felicity

Smaller characters at the end recorded the date on which the Emperor had conferred this tablet upon Chia

Yuan, the Duke of Jungkuo, and it bore the imperial seal.

译义流畅准确，这一点毋庸置疑，只是在翻译的方法上，霍克斯和杨宪益各有侧重。杨宪益语言精练，叙述清楚，而霍克斯则更多地站在外国读者的角度，力求把每一个细节都解释得明明白白。

"赤金九龙青地大匾"，霍克斯的译文是 a great blue board framed in gilded dragons，一个青色的大匾额，上面描有金龙，环绕在匾额的四周；杨宪益的译文是 a great blue tablet with nine gold dragons on it，一只青色大匾，上面有九条龙。原文中曹雪芹并没有说明那九条描金的龙究竟在匾上什么位置，但霍克斯根据自己对匾额的理解，清楚地告诉读者那些描金的龙是在匾额的框子上的 (framed in gilded dragons)，让没有亲眼见过匾额的英语读者脑海中有了清晰的形象。

匾额上"荣禧堂"三字，霍杨二人的翻译大同小异，

Exalted 与 Glorious 意思虽有细微差别，但无关宏旨。值得注意的是"荣禧堂"后面的一行小字："某年月日，书赐荣国公贾源"，又有"万几宸翰之宝"。杨宪益先生言简意赅，用叙述语言说明后面一行小字记录了皇帝赐匾的时间并钤有一枚皇帝的印章。霍克斯则不厌其烦，不仅将匾额上小字的内容逐字译出，还加入了自己的解释。最有意思的是霍克斯将"书赐荣国公贾源"译成了 written for our beloved subject, Jia Yuan, Duke of Rong-guo，再倒译回中文就成了"写给我们亲爱的大臣荣国公贾源"。这很明显是西方君主的题赠习惯，也非常易于英语读者的理解，但这样翻译就成了朋友之间的笔墨往来，把皇帝和大臣放在平等的位置上了。汉语中也有"爱卿"一词，是皇帝对臣子的爱称，翻译过来就是 my beloved subject，但这种称呼多见于小说，特别是戏曲，现实生活中很少见。

对匾额上那枚印章的翻译，霍克斯也是煞费苦心。中国古代对于印章非常讲究，皇帝用"玺"，大臣用"印"，老百姓用的叫"戳儿"，从字面上看尊贵和正式程度上就有天壤之别，普通百姓用印也就是随便"戳"一下子，留个印记而已。皇帝在题字、藏书时用的印章与册封、颁诏时用的玉玺是不一样的，属于"闲章"，如乾隆皇帝的"古稀天子之宝"和"十全老人之宝"，书中提到的这枚"万几宸翰之宝"也是一枚闲章。霍克斯没有用 imperial seal，而是翻译成了 the Emperor's private seal，显然是做足了功课。不仅如此，他还将印章上的"万几"和"宸翰"也完整译出。"万几"就是"日理万机"的"万机"，表示皇帝很忙，"宸翰"则是"御笔"的意思，所以，霍克斯最后将这枚印章描述为 ... followed by the Emperor's private seal, a device containing the words 'kingly cares' and 'royal brush' in archaic seal-script，可谓细致入微。不过，加上了 kingly care 和 royal brush 也有可能给英语读者带来新的困惑。从这些细节也可以看出来，霍、杨两位大师在翻译理念上还是有差异的。

原文的第二句主要是描写厅堂中的器物摆设和一副对联，霍克斯是这样翻译的：

> A long, high table of carved red sandalwood, ornamented with dragons, stood against the wall

underneath. In the center of this was a huge antique bronze ding, fully a yard high, covered with green patina. On the wall above the *ding* hung a long vertical scroll with an ink-painting of a dragon emerging from clouds and waves, of the kind often presented to high officials in token of their office. The *ding* was flanked on one side by a smaller antique bronze vessel with a pattern of gold inlay and on the other by a crystal bowl. At each side of the table stood a row of eight yellow cedar-wood armchairs with their backs to the wall; and above the chairs hung, one on each side, a pair of vertical ebony boards inlaid with a couplet in characters of gold:

(on the right-hand one)

May the jewel of learning shine in the house more effulgently than the sun and moon.

(on the left-hand one)

May the insignia of honor glitter in these halls more
brilliantly than the starry sky.

　　杨宪益先生的译文相对简洁，字数只有霍克斯译文的一半左右。对于紫檀雕螭案、青绿古铜鼎、金蜼彝、玻璃盆、楠木交椅等物件的名称，霍克斯与杨宪益的翻译非常相近，所不同的是霍克斯按照中国传统厅堂的设置，还原了每一样家具和摆设的位置以及相互的空间关系。以"大紫檀雕螭案"为例，霍克斯在 a table of carved red sandalwood ornamented with dragons 之外，还加上了 stood against the wall underneath，告诉读者"匾额下靠墙立着一个紫檀雕螭大条案"。另外，在翻译"待漏随朝墨龙大画"时，霍克斯没有简单地说 there hung a big picture of ink-painting dragon in the sea (or waves)，而是告诉读者，On the wall above the ding hung a long vertical scroll with an ink-painting of a dragon emerging from clouds and waves, of the kind often presented to high officials in token of their office（在鼎的

上方墙上，挂着一幅竖轴大画，画中一条墨龙在云海中飞腾，此类题材的画作，往往是献给达官贵人的，以彰显其地位之荣耀）。霍克斯一定是下功夫研究了中国古典厅堂陈设的规矩，知道什么是"条案"，什么是"中堂画"，所以他才将"大紫檀雕螭案"翻译成 a long, high table of carved red sandalwood, ornamented with dragons，将"待漏随朝墨龙大画"翻译成 long vertical scroll。

这段文字的最后是一副对联：

座上珠玑昭日月，堂前黼黻焕烟霞。

这是一副非常典型的中堂对联，悬挂在正厅，与中间的"待漏随朝墨龙大画"相呼应，彰显了贾府的荣耀地位。

霍克斯的翻译：

(on the right-hand one)

May the jewel of learning shine in the house more

effulgently than the sun and moon.

(on the left-hand one)

May the insignia of honor glitter in these halls more

brilliantly than the starry sky.

杨宪益的翻译：

Pearls on the dais outshine the sun and moon;

Insignia of honor in the hall blaze like iridescent clouds.

英语是字母文字，不能像汉语一样，上下联在结构和长短上一一对应，但可以看出两位译者已经尽了最大努力，使上下联相对整齐。从翻译效果上看，杨译简洁工整，意象鲜明；霍译深入细致，滴水不漏。

珠玑是指珠宝，黼黻则是官服上的纹饰，这两句话形容在此居住和往来的人物衣着华贵，光彩照人。霍克斯不仅将对联的内容准确译出，还捕捉到了对联文字背后的隐喻。"珠玑"二字，字面上是指珠宝，但更多的是用来比喻优美的辞章和文字，如"字字珠玑""满腹珠玑""口吐珠玑"，所以，这副对联说的是贾府诗书传家，文彩俊逸，而且世代簪缨，富贵尊荣。霍克斯将"座上珠玑"翻译成 the jewel of learning in the house，意思是座上宾客，文采风流，谈吐不俗，点出了"珠玑"的深一层含义。

　　读《红楼梦》英译本最大的收获，就是进一步感受到原著的博大精深，从而更加体会到译者的艰辛。霍克斯为了专心翻译《红楼梦》，毅然辞去牛津大学教授的职位；杨宪益、戴乃迭夫妇，历经政治冲击和生活的磨难，仍在古稀之年，笔耕不辍。翻译大师呕心沥血之作，拓展了《红楼梦》的生命空间，也最完整地诠释了"译者"二字的真正内涵。

人物名字巧翻译

袭人、卍儿、冷妙玉，

十几年前，一位香港朋友跟我提起大卫·霍克斯教授，说他在香港中文大学给博士生开设了一门课程，专门研究《红楼梦》人名的翻译。当时觉得很不理解，不就是个名字吗？按照发音翻过来不就行了吗？最近一年多来，开始对照《红楼梦》原文阅读霍克斯教授的英译本，才又想起了朋友当年讲过的话，也更加体会到了曹雪芹的呕心沥血和霍克斯的苦心孤诣。

中国人取名字大都有很具体的含义，女孩子的名字追求美感，如婵娟、彩云、杏花，男人的名字注重寓意，如壮飞、建国、志强。曹雪芹笔下的人物名字，往往大有深意，有的反映人物性格，有的暗示人物命运，用现在流行的话说，名字是"人设"的一部分。

《红楼梦》第一回，贾雨村在甄士隐家做客，甄家的一个叫娇杏的丫鬟出于好奇多看了他几眼，给了这个落魄书生极大的精神安慰，认为"此女子必是个巨眼英雄，风尘中知己也"。后来雨村科场得意，做了知府，又巧遇娇杏，并纳为二房。那娇杏命运两济，只一年便生了一子，很快又被扶为正室夫人。

"娇杏"与"侥幸"同音，这是曹雪芹的巧妙安排。曹雪芹在这个丫鬟身上花了不少笔墨，还专门为她写了两句诗："偶因一着错，便为人上人。"封建时代女子私顾外人，为礼法所不允，故云"一着错"，但娇杏却因此由奴婢变为主子，成了"人上人"，能说她不侥幸吗？所以，霍克斯将"娇杏"翻译成"Lucky"，是作者原意的最好体现。

"偶因一着错，便为人上人"，霍克斯也翻译得"声""形"并茂，且十分贴切：

> Sometime by chance
>
> A look or a glance
>
> May one's fortune advance.

有研究《红楼梦》的学者认为这个娇杏在后面的章节还会出现，曹雪芹不吝笔墨，应该是有安排的，可惜在高鹗续写的后四十回中断了踪迹。

霍克斯是一位优秀的汉学家，他懂得作者的深意和译名的重要性。但是，即便是这样的大家，很多时候也会举棋不定，左右为难。他的学生，《红楼梦》后四十回的译者闵福德教授讲过一个霍克斯翻译"袭人"的小花絮。袭人姓花，原名珍珠，袭人这个名字是宝玉给起的，灵感来自陆游的"花气袭人知昼暖，鹊声穿树喜新晴"。以霍克斯的学问自然是懂得其中含义的，他当然不会像过去有的译者那样，直接把"袭人"译成"Assails Men"（袭击男人），但也拿不出好的转换方法。霍克斯夫人看到丈夫心事重重的样子，就问他为什么发愁，霍克斯如实相告，并解释了"袭人"的含义。机缘巧合，霍夫人当时正在冲泡咖啡，手里恰好拿着一个咖啡罐，上面印着 Fresh Aroma（芳香），于是她灵机一动，说道："为什么不译成 Aroma 呢？"这句话在霍克斯听来，如闻仙乐。Aroma 的意思是芳香，正应了"花气袭人知昼暖"的意思，简直是神来之笔！

宝玉可以随意给袭人改名字，而袭人也可以给比她地位低的小丫鬟改名字。《红楼梦》第二十一回，有个叫芸香的小丫头，袭人给她改成了蕙香。那天正好赶上宝玉因琐事和袭人生气，听说是她给改的名字，顿时发起飙来，因小丫头在家中四个姊妹中排行第四，索性给她起了个名字，叫"四儿"！

"How many girls are there in your family, Citronella?"

"Four," said Citronella.

"And which of the four are you?"

"I'm the youngest."

"Right!" said Bao-yu. "In future you will be called 'Number Four'."

你说这个小丫头倒霉不倒霉？没招谁惹谁，好好的一个名字，改来改去，最后成了"Number Four"了！幸亏这孩子在家里排行第四，要是排行在三，估计会被改成"小三儿"了。刚开始看到这段英文时还怀疑霍克斯教授是不是把人家给译得太低俗了，仔细回看原文才意识到，曹雪芹就是这个意思。宝玉是因为与袭人怄气，故意把她起的名字改成了个很俗的名字——"四儿"，英文翻译成"Number Four"恰到好处。

名字是用来叫的，所以必须简短且容易上口，如果像"尼古拉·阿列克塞耶维奇·奥斯特洛夫斯基"这么长的名字，很容易让读者犯晕。霍克斯翻译的名字有音译，有意译，明白清楚，妙趣横生。

雪雁—Snowgoose	紫鹃—Nightingale
坠儿—Trinket	晴雯—Skybright
秋纹—Ripple	平儿—Patience
彩屏—Landscape	傻大姐—Simple

还有薛姨妈身边的两个小丫头，一个叫同喜，一个叫同贵。女孩子取了男人一样的名字，而且俗气得很，

这从一个侧面也反映了薛家的价值取向。霍克斯用了
"Providence" 和 "Prosper" 来翻译这两个名字，意思分别
是 "惊喜" 和 "发财"。两个单词第一个音节都一样的，
两个 "Pro" 很好地对应了中文名字中的两个 "同"，这是
霍克斯的匠心独运。

　　有两个人的名字霍克斯译得比较特殊，一个是
Swastika，另一个是 Adamantina，乍一看像是两个外国人
的名字。

　　《红楼梦》第十九回里有一个小丫鬟，她的母亲在生
她时做了一个梦，梦见得了一匹锦，上面是五色富贵不
断头的卍字花样，所以，她的名字就叫 "卍儿" 了。

> She says that just before she was born her mother
> dreamed she saw a beautiful piece of brocade, woven
> in all the colors of the rainbow, with a pattern of lucky
> swastikas all over it. So when she was born, she gave her
> the name "Swastika".

"卍"不是文字，而是一个图案，古代印度、希腊、埃及都有类似的图案，据说是由太阳的形象演变而来，在佛教是吉祥的象征。霍克斯将"卍儿"译为"Swastika"，还原了"卍"字的本意，但还是显得有些与众不同，不过"卍儿"这个名字本身就很怪异。

Adamantina 是霍克斯给妙玉取的英文名字，第一次看到还以为是印度教或者佛教中的一个神的名字呢。霍克斯煞费苦心，就是不想让妙玉这个名字显得太过平凡，因为她确实极不平凡。

妙玉在金陵十二钗正册中排在第六，很多研究红学的人认为她出身高贵，与贾家渊源深厚，甚至有可能是皇家血脉。脂砚斋点评妙玉时说，"妙卿身世非凡，心性高深"。有一个细节，非常耐人寻味。第四十一回，贾母携刘姥姥和宝玉、黛玉、宝钗等人到栊翠庵喝茶，妙玉烹茶待客。贾母用的茶具是海棠花式雕漆填金云龙献寿的小茶盘，里面放了一个成窑五彩小盖钟。给宝钗盛茶用的是"一个旁边有一耳，杯上镌着'瓟斝'三个隶字，后有一行小真字，是'晋王恺珍玩'，又有'宋元丰五年四月眉山苏轼见于秘府'一行小字"。黛玉用的"那一只形似钵而小，也有三个垂珠篆字，镌着'点犀盉'"。妙玉拿给宝玉的则是一只"前番自己常日吃茶的那只绿玉斗"，后又换成一只九曲十环一百二十节蟠虬整雕竹根大盏。

这几件茶具，岂是寻常人家能够拿得出来的？宝玉开玩笑说那只绿玉斗是俗器，妙玉道："这是俗器？不是我说狂话，只怕你家未必找得出这么一个俗器来呢。"妙玉如此说，应该是有相当的底气的。

妙玉是《红楼梦》中有数的几个名字中带"玉"的，宝玉和黛玉都是音译，唯独在妙玉身上，霍克斯花了大量的心思。妙玉容貌美丽，出身高贵，性情孤傲，才情非凡，就连林黛玉这样高傲的人在她面前也会格外尊敬。如果直接译成 Wonderful Jade, Fine Jade, Clever Jade，都不能恰当地呈现妙玉清高冷艳的气质，况且 Jade 在英语中还有不好的寓意。

众里寻她千百度，最后，霍克斯从 Adamant 一字中找到了灵感。Adamant 和 Adamantine 来自希腊语，泛指钻石、刚玉等硬度极强的宝石，也算是"妙玉"吧。霍克斯又将词尾替换成 -tina，就更像是一个女性的名字了。Adamantina 本身也有"釉质"的意思，妙玉无论怎样孤傲清高，到底还是个女孩子，外表如釉质般坚硬，内心未必不柔软不温暖，她与黛玉、惜春、邢岫烟交好，对宝玉更是青眼有加。这样一个非凡的女子，也许只有 Adamantina 这样非凡的名字才配得上吧。

严复在《天演论》序言中谈及翻译的困难时说，"一名之立，旬月踟蹰"。霍克斯翻译《红楼梦》，要应对几百个名字，花费的精力和心血可想而知。有兴趣的读者不妨对照原著和译本，认真研究一下《红楼梦》中名字翻译的学问，一定会有所收获。

『怡红院』如何变成了『怡绿院』

匾额，顾名思义，是悬在门屏之上的牌匾，其起源至少可以追溯到汉代。《后汉书·百官志》记载，"凡有孝子顺孙贞女义妇，让财救患，及学士为民法式者，皆匾表其门，以兴善行。"匾额种类繁多，形制多样。有亭台楼阁，如"岳阳楼"；有商家字号，如"荣宝斋"；有歌功颂德的，如"万世师表"；有言志抒怀的，如"鸿鹄凌云"。匾额讲究立意和文彩，同时还包含书法与雕刻等艺术形式，集中体现了中国文化中的艺术美感和人文精神，是中国古代建筑的重要组成部分。

《红楼梦》中贾府因元妃省亲，大兴土木，修建了大观园。楼阁水榭，山石回廊，还有竹林农舍，酒肆田庄，如此景致，匾额对联自然少不了。贾政为试宝玉诗才，特意命他跟随，前往大观园巡视并拟定匾额对联，待元妃游幸时，再行赐名。

匾额是中国独特的艺术形式，对文辞、意境和书法都有很高的要求。要将匾额的内容翻译成英语，还要做到形、意、美兼备，非常不容易。我们来看看高手是怎么译的。

一、（宝玉）"莫若直书'曲径通幽处'这句旧诗在上，倒还大方气派。"

霍克斯教授的译文：

> "I suggest we should call it 'Pathway to Mysteries' after the line in Chang Jian's poem about the mountain temple:
>
> A path winds upwards to mysterious places.
>
> A name like that would be more distinguished."

杨宪益先生的译文：

"So why not use that line from an old poem:

A winding path leads to a secluded retreat.

A name like that would be more dignified."

　　原文这句话并不长，也不是特别难译，但两位翻译家的风格特点却体现得十分鲜明。霍克斯还是那么细致入微，杨宪益还是一贯的忠实直接。霍克斯在翻译"曲径通幽处"诗句之前，向读者交待了诗的作者，唐朝的诗人常建，还将"曲径通幽"四字单独提出，译为 Pathway to Mysteries，三个单词的短语，形式上也更接近匾额。杨先生忠实于原文，直接译为 A winding path leads to a secluded retreat。就"曲径通幽处"这句诗来说，杨先生的"secluded retreat"可能比霍克斯的"mysterious places"更为恰当一些，但作为匾额或题写名胜，不可过长，更不宜整句写上去。

　　二、大观园诸景当中，有一处亭子，依水而建，奇花绽放，佳木葱茏。众人一番议论之后，贾政命宝玉拟题匾额对联。宝玉拟了"沁芳"二字，又作了一副七言对联：

"绕堤柳借三篙翠，隔岸花分一脉香。"

"沁芳"二字，蕴藉含蓄，用汉语解释明白都不容易，更何况还要翻译成英文。霍克斯将"沁芳"译为"Drenched Blossoms"，杨宪益给出的译文是"Seeping Fragrance"。两位翻译家的译文中，我更喜欢杨宪益的译法。"Seeping Fragrance"是"缓缓散发出来的香气"，水波粼粼，微风徐徐，花香袅袅，沁人心脾。霍克斯将"沁"译为"drenched"，将"芳"译为"blossoms"，这样一来，就成了"浸湿的花"，不仅美感打了折扣，也失去了"沁芳"的含蓄蕴藉。梁实秋的《远东汉英大词典》和外研社的《汉英词典》都用"drenched"一词来翻译"落汤鸡"，(of a person) like a drenched chicken，可见"drenched"用在鸡身上很狼狈，用来形容花也优雅不到哪儿去。

三、大观园中还有一处有名的建筑——潇湘馆，是林黛玉的住处。曹雪芹在《红楼梦》第十八回中有详细描述："前面一带粉垣，里面数楹修舍，有千百竿翠竹掩映。入门便是曲折游廊，阶下石子漫成甬路，上面小小两三间房舍，一明两暗，里面都是合着地步打就的床几椅案。"

大观园刚刚落成时这里不叫潇湘馆，而是叫"有凤来仪"，也是贾宝玉拟的名字，意为贵妃行幸之所，亦含颂圣之意，元妃省亲时，赐名潇湘馆。

"有凤来仪"和"潇湘馆"如何译成英文呢？我们还是求教于霍克斯教授和杨宪益先生两位大师吧。

"有凤来仪"，典出《尚书》："箫韶九成，凤凰来仪。"意思是箫韶之曲演奏起来，凤凰也随乐起舞。这个成语也可理解为凤凰来栖，寓意吉祥。霍克斯将"有凤来仪"译为"The Phoenix Dance"，而杨宪益则将其译为"Where the Phoenix Alights"，一个是"凤舞"，一个是"凤栖"，英雄所见，虽略有不同，但均为佳译。

在翻译"潇湘馆"时，两位高手的思路开始分叉了，而且叉得还很大。

潇湘是潇水和湘江的并称，传说尧的两个女儿娥皇和女英嫁给了舜，后来舜巡视南方，死于苍梧，葬在九疑山。娥皇女英追寻舜帝到湘江之畔，抱竹痛哭，泪水洒在竹子上，成了斑竹。二女思念舜帝，投江而死，化为湘江女神，后世亦称湘夫人。娥皇女英的传说，赋予了潇湘深情、伤感和相思的涵义，最适合诗人寄情吟咏，如刘禹锡的《潇湘神·斑竹枝》："楚客欲听瑶瑟怨，潇湘深夜月明时。"今天，看到潇湘两个字，人们很容易联想到江水、斑竹和女神。

我们再回来看看两位大师的翻译。杨宪益先生将"潇湘馆"译为"Bamboo Lodge"，很符合潇湘馆翠竹掩映、浓荫匝地的幽雅环境，竹子象征高雅和坚贞，也恰当地反映出潇湘馆主人林黛玉的性格特征。霍克斯的想象空间更大，他直接借用了希腊神话中水神的名字 Naiad，将"潇湘馆"翻译成"The Naiad's House"，意思是"水中女神的居所"。林黛玉前生本是一棵绛珠草，后经神瑛侍者用甘霖浇灌，修成了人形，也算是一个小水仙。林黛玉后来的别号也是"潇湘妃子"，所以，借用 Naiad 的名字翻译潇湘馆还是十分恰当的，这也充分反映出霍克斯的学问之深和用功之深。

"潇湘"往往会给人三个意象，即水、竹和女神。杨宪益先生的"潇湘"有竹无水，更无女神；霍克斯的"潇湘"有神无竹，是典型的外国"潇湘"。两位大师做出不同的选择，是因为他们之间文化背景的差异，尽管两位大家学问贯通中西，但在隐微之处，各自的文化权重还是能够体现出来。他们的翻译，没有孰优孰劣之分，只有读者欣赏喜好之别。中国的读者，即便是用英文来读《红楼梦》，也一定会欣赏 Bamboo Lodge 的优雅；而西方读者，多半会喜欢 Naiad's House 的浪漫想象。

四、离潇湘馆不远就是怡红院了，贾宝玉就住在那里。霍克斯和杨宪益对"怡红院"三个字的翻译，同样耐人寻味。当初贾政带人巡视大观园，已命宝玉拟题了"红香绿玉"四个字，元妃省亲巡游，又改为"怡红快绿"，赐名曰"怡红院"。所谓"怡红快绿"，就是红得赏心，绿得悦目，令人心旷神怡。霍克斯和杨宪益的翻译分别是"Crimson Joys and Green Delights"和"Happy Red and Delightful Green"，意思一模一样，只是遣词略有不同而已。可在"怡红院"三字的翻译上，两个人又分叉了。杨宪益的翻译是"Happy Red Court"，三个单词对应三个汉字，百分百地忠实对等。霍克斯又一次出人意料，将"怡红院"译为"The House of Green Delights"，成了"怡

绿院"了！霍克斯为什么要舍"红"取"绿"呢？还是
由于不同文化对于红和绿两种颜色的理解和认知的差异。

　　霍克斯在英译本的前言中写了这样一段话：

"One bit of imagery which Stone-enthusiasts will miss in my translation is the pervading redness of the Chinese novel. One of its Chinese titles is red, to begin with, and red as a symbol – sometimes of spring, sometimes of youth, sometimes of good fortune or prosperity – recurs again and again throughout it. Unfortunately – apart from the rosy checks and vermeil lip of youth – redness has no such connotations in English and I have found that the Chinese reds have tended to turn into English golds or greens. I am aware that there is some sort of loss here, but have lacked the ingenuity to avert it."

霍克斯知道，中国小说中，红色有着特殊的象征意义，而在他的翻译中，"石头迷"们可能会发现缺少了这一无处不在的意象。在汉语里，红色代表春天、青春、好运和兴旺，而在英语中，除了"粉颊""朱唇"这些特定的带有红颜色的表达方式之外，红色并不具备汉语中的那些象征意义，反倒是"金色"和"绿色"的象征意义更接近汉语中的"红"。从这段文字中，我们可以看出，霍克斯是带着遗憾将"怡红院"译为"The House of Green Delights"的。连大师都有力不从心之感慨（have lacked the ingenuity to avert it），足见翻译是一项何等艰难的工作。

一张匾额，能引发无限的想象；三四个字的翻译，也能呈现微妙的意境。读《红楼梦》，向曹雪芹学习中国文化；读英译本，向霍克斯和杨宪益学习英文和翻译。开卷有益，乐在其中！

一部明清服饰的百科全书

从曹雪芹的曾祖父曹玺算起，曹家三代居江宁织造之职，专门负责皇家的织品和丝绸的制造和采买。曹雪芹生长在"丝绸世家"，从小耳濡目染，加上天性对艺术的敏感，所以他对服饰的描写，光彩夺目，美不胜收，再现了中国封建社会大家族的生活，也展现了中华传统服饰文化的辉煌灿烂。

《红楼梦》的主人公贾宝玉一出场，华丽的穿戴便让人眼前一亮：

> 头上戴着束发嵌宝紫金冠，齐眉勒着二龙抢珠金抹额，穿一件二色金百蝶穿花大红箭袖，

> 束着五彩丝攒花结长穗宫绦，外罩石青起花八团倭缎排穗褂，登着青缎粉底小朝靴。

这是宝玉去庙里还愿时穿的衣服，应该算是正装或礼服。无论是面料、花色还是做工，比之今天的西装或者燕尾服，甚至 T 台走秀的时装，不知道要美上多少倍、复杂多少倍。

什么是"二色金百蝶穿花"？什么是"箭袖"？什么是"起花"？中文读起来都觉得眼花缭乱，译成英文的难度简直难以想象。

霍克斯教授的翻译：

> The young gentleman who entered in answer to her unspoken question had a small jewel-encrusted gold coronet on the top of his head and a golden headband low down over his brow in the form of two dragons

playing with a lager pearl.

He was wearing a narrow-sleeved, full-skirted robe of dark red material with a pattern of flowers and butterflies in two shades of gold. It was confined at the waist with a court girdle of colored silks braided at regular intervals into elaborate clusters of knotwork and terminating in king tassels.

Over the upper part of his robe he wore a jacket of slate-blue Japanese silk damask with a raised pattern of eight large medallions on the front and with tasselled borders.

On his feet he had half-length dress boots of black satin with thick white soles.

　　曹雪芹用了 70 个字描写贾宝玉的穿着，霍克斯的译文用了 140 个英文单词。我们虽然不能以字数多少论质量，但至少也能看出霍克斯的细致入微。原文花团锦簇，色彩斑斓，真不是一两句话就能解释清楚的。

宝玉所戴的"束发嵌宝紫金冠"不是真正意义上的帽子，而是贵族少年束发所戴的礼冠，一般比较小，兼具装饰和实用功能，所以，霍克斯把它译为"a small jewel-encrusted gold coronet"。中国古代只有贵族戴冠，普通百姓用的是"帻"，就是将头发在头顶束起，用一块布包上就行了。

"抹额"类似今天的头箍，英文是 headband，明清时期非常流行，用来束住两鬓和后面的头发，但更多的还是装饰作用。曹雪芹原文是"齐眉勒着二龙抢珠金抹额"，霍克斯也一板一眼地翻译成"a golden headband low down over his brow in the form of two dragons playing with a lager pearl"，真可谓滴水不漏。换作另一个翻译，多半会省略"low down over his brow"，因为抹额只有一种佩戴方式，而且肯定是在眉毛的上方，戴在眉毛下面的不是眼罩就是口罩。霍克斯的细致与忠实，简直到了无以复加的境界。

"箭袖"就是窄袖的衣服，起源于北方民族的服饰，便于骑射；"二色金"从字面意思看应该是两种颜色上有差别的金色丝线。"二色金百蝶穿花大红箭袖"到了霍克斯的笔下，就转换成了"a narrow-sleeved, full-skirted robe of dark red material with a pattern of flowers and butterflies in two shades of gold"，所有的要素一样不少，尤其是"二色金"，用"two shades of gold"来翻译，恰到好处。"shade"作为名词使用，是指颜色的渐变和细微的差别，"二色金"也是金，只不过颜色上有细微的变化，用"two kinds"，"two colors"或者"two types"都不准确。"shade"这个词，属于初中的词汇范围，但要做到信手拈来、恰如其分却非常不容易。

"倭缎"是日本出产的绸缎，后泉州、漳州一带也有仿制，清中期江宁织造每年安排纺织六百匹倭缎，专供皇室和贵族，属于高档奢侈品。"起花"也叫"提花"，"排穗"亦称"排须"，霍克斯用"raised pattern"巧译"起花"，用"tasselled borders"巧译"排穗"，十分形象，即使没见过"起花八团倭缎"的英语读者也能想象出来是个什么样子。

最后一句，"青缎粉底小朝靴（half-length dress boots of black satin with thick white soles）"的翻译让我感触尤深。

霍克斯没有简单地把靴子翻译成 boot，而是译成了"half-length dress boots"。明清时期男子穿的朝靴属于正装，矮勒儿，面料一般都是黑色绸缎，也有与衣服颜色相匹配的。西方人的靴子多为皮靴，而且都比较长，几部常用字典（朗文、牛津、柯林斯）在解释靴子时都提到 cover the lower part of your leg（覆盖小腿），是我们通常所说的长筒靴。霍克斯一定是参考了历史资料和明清时期的绘画甚至京剧服装，才根据自己的理解告诉那些熟悉大皮靴的西方读者，小主人公穿的是矮勒儿正装白底靴。

一部伟大的文学作品，不仅要主题宏大，情节动人，还要描写生动细腻，令人听之如在耳畔，读之如在眼前。《红楼梦》第五十二回，俏平儿情掩虾须镯，勇晴雯病补孔雀裘。贾母将一件俄罗斯"孔雀呢"的大氅给了宝玉，谁知宝玉不小心，烤火时烧了指顶大的一个洞。让下人拿去找人织补，可是裁缝绣匠都不认得这是什么，都不敢揽。病中的晴雯接过衣服，细看了一会儿，认出这是孔雀金线织的，就拿孔雀金线就像界线似的界密了，蒙混过去。

> 晴雯先将里子拆开，用茶杯口大的一个竹弓钉牢在背面，再将破口四边用金刀刮的散松松的，然后用针纫了两条，分出经纬，亦如界线之法，先界出地子后，依本衣之纹来回织补。补两针，又看看，织补两针，又端详端详……一时只听自鸣钟已敲了四下，刚刚补完；又用小牙刷慢慢的剔出绒毛来。

看看曹雪芹的这段描写，哪里像是个作家，简直就是专裁，专业的专，裁缝的裁！如此高技术含量的一段文字，怎么翻译成英文呢？

杨宪益先生的译文：

> Qing-wen first unpicked the lining and slipped a bamboo embroidery-frame the size of a teacup up the back of the cape. Next she scraped away the singed edges with a knife, sewed two threads across at right

angles to each other, stitched in the outline in cross-stitch, and then darned the hole to reproduce the original pattern. After couple of stitches she would stop to exam her work.... (Bao-yu) heard the clock strike four just as she finished her task and was fluffing up the down with a small toothbrush.

从翻译拆开里子（unpicked the lining），到钉上竹弓子（a bamboo embroidery-frame the size of a teacup），再到用界线之法界出地子（stitched in the outline in cross-stitch），可以看出译者在这方面是有相当生活阅历的。

霍克斯的译文将"杯口大的竹弓"翻译成"cup-sized darning mushroom"，令我百思不得其解。查了好几个字典，也没查出个结果来，倒是看到了一个"darning ball"的说法，意思是球形织补托架，可能就是霍克斯说的 darning mushroom，因为 mushroom 也是球形。不过，这好像不是晴雯用的竹弓，应该是英国人刺绣用的辅助工具。

　　无论如何，能将这么复杂的织补过程如此准确流畅细腻地翻译出来，只有一等一的高手才能做得到。我以小人之心，高度怀疑这一段文字是杨宪益的夫人戴乃迭翻译的；我以君子之腹，衷心赞叹这对译界伉俪深厚的功力和艰辛的付出。

　　《红楼梦》是中国封建社会生活的百科全书，也是明清服饰的百科全书。有红学研究者做过统计，前八十回中，有四十四回的内容涉及服装和饰品。用料讲究，有黄绫、蟒缎、哆啰呢，毡毡、羽纱、天马皮；工艺繁复，有攒珠、撒花、掐金、挖云、盘锦、刻丝……令人眼花缭乱，目不暇接。真是难为霍克斯、闵福德、杨宪益和戴乃迭这几位翻译家了。

　　翻译家傅雷先生说过，一个好的翻译，要有敏感的心灵，高度的同情，一定的鉴赏能力，相当的社会经验，此四者缺一不可。以前看到过傅雷的这句话，也只是看看而已，如今重读《红楼梦》，对照学习前辈大师的译文，才对傅雷所说的"相当的社会经验"这句话有了更深刻的理解。

金陵十二钗
判词暗藏玄机

曹雪芹是伟大的文学家，也是一位了不起的诗人。他的好友、诗人敦敏和敦诚多次在诗中提到曹雪芹的诗才："寻诗人去留僧舍，卖画钱来付酒家"；"爱君诗笔有奇气，直追昌谷破篱樊"；"诗才忆曹植，酒盏愧陈遵"。特别是后两句，直接将曹雪芹与李贺和曹植相提并论了。

曹雪芹根据小说中不同的人物和情节，写了近百首诗词，有打油诗、哲理诗、感怀诗、咏物诗、悼亡诗，几乎涵盖了所有的诗歌形式。曹雪芹写诗不是应景，更不是凑篇幅，而是人物塑造和情节安排的需要。这近百首诗，时间、地点、环境、气氛以及人物性格和地位各不相同，因此，翻译成英文的时候需要考虑的因素也就格外多。当然，最难处理的还是带有谐音和隐喻的诗词，譬如贾宝玉梦游太虚幻境时看到的金陵十二钗的判词。

第五回原文写道：

> 只见头一页上便画着两株枯木，木上悬着一围玉带；又有一堆雪，雪下一股金簪。也有四句言词，道是：
>
> 可叹停机德，堪怜咏絮才。
>
> 玉带林中挂，金簪雪里埋。

这是金陵十二钗正册中薛宝钗和林黛玉的判词。先不说"停机德"和"咏絮才"怎么翻译，就说这后两句"玉带林中挂，金簪雪里埋"吧，怎么让外国读者明白两株枯木挂着一条玉带就是指林黛玉，埋在雪里的一根金簪就是薛宝钗呢？他们不懂汉语，也就不会明白"雪"与"薛"谐音的玄机，更看不懂画上两株枯木代表林黛玉的林字。

那么，霍克斯是怎么翻译的呢？

In this album the picture on the first page represented two dead trees with a jade belt hanging in their branches and on the ground beneath them a pile of snow in which a golden hairpin lay half-buried. This was followed by a quatrain:

One was a pattern of female virtue,

One a wit who made other wits seem slow.

The jade belt in the greenwood hangs,

The gold pin is buried beneath the snow.

杨宪益先生的译文：

The first page had a painting of two withered trees on which hung a jade belt, while at the foot of a snow-drift lay a broken golden hairpin. Four lines of verse read:

Alas for her wifely virtue,

Her wit to sing of willow-down, poor maid!

Buried in snow the broken golden hairpin,

And hanging in the wood the belt of jade.

　　杨先生为了押韵，在译文中将"金簪雪里埋"放在了"玉带林中挂"的前面，对"咏絮才"的翻译采取了直译的方式 (to sing of willow-down)，除此之外，两位大师的翻译没有什么区别，"信"和"雅"应该都有了，就是没有办法"达"，这不是霍克斯和杨宪益翻译的问题，而是这一类的文字根本就没办法翻译。

　　写到这里，我突然觉得读《红楼梦》的外国朋友挺值得同情的。满腔热情想亲近中国文化，谁知道却碰上这么一大堆天书一样的文字，比脑筋急转弯还要难上不知多少倍。

　　这样的例子在《红楼梦》中还有很多，像"三春争及初春景，虎兕相逢大梦归"，"一从二令三人木，哭向金陵事更哀"。前两句是说元春的，大意是三春（迎春、探春、惜春）皆不如初春（元春）风光，然元春虽然选妃入宫，还是在关乎贾府命运的两大势力的争斗中成了牺牲品；后两句是说王熙凤的，意思更加隐晦，有人猜测是指贾琏对王熙凤态度的变化，始则听从，继则使令，最后休弃（人木合成休字）。这些哑谜究竟是什么意思，谁也说不太清楚，而曹雪芹要的就是这个效果。直到今天，红学爱好者们还在争论，各持己见，莫衷一是。

这样的字谜，连霍克斯和杨宪益都搞不定，我们就不去费心思了，还是拣一首能够明白的学习一下吧。

《红楼梦》第五回中有一首红楼梦曲《分骨肉》，写探春远嫁：

> 一帆风雨路三千，
> 把骨肉家园齐来抛闪。
> 恐哭损残年，
> 告爹娘，休把儿悬念。
> 自古穷通皆有定，
> 离合岂无缘？

> 从今分两地，
>
> 各自保平安。
>
> 奴去也，莫牵连。

这是一首浸泡在泪水中的诗。探春在几个姐妹中性格最刚强，也最有才干，无奈命运安排，只能远嫁边海。这首诗悲伤中带着留恋，无奈中透着达观，字面上是宽慰父母，暗含的是无尽的牵挂，很符合探春的性格特征。

霍克斯的译文：

> From Dear Ones Parted
>
> Sail, boat, a thousand miles through rain and wind,
>
> Leaving my home and dear ones far behind.
>
> I fear that my remaining years
>
> Will waste away in homesick tears.
>
> Father dear and mother mild,

Be not troubled for your child!

From of old our rising, falling

Was ordained; so now this parting.

Each in another land must be;

Each for himself must fend as best he may;

Now I am gone, oh do not weep for me!

　　霍克斯真不愧是翻译大家，这首《分骨肉》被他用双韵体译成英文，不仅音、形俱美，而且完整地传递了原诗中哀伤悱恻的情绪。中文古诗中有名词排列的现象，如"鸡声茅店月，人迹板桥霜"，整句全是名词，没有一个介词或动词，但呈现的画面感却十分强烈。读霍克斯的第一句译文，也感受到了同样的效果，"一番风雨路三千"，霍克斯用了 sail, boat , rain, wind 四个非常具象的名词衬托出道路的漫长与艰难。第三句，"告爹娘，休把儿悬念"，"Father dear and mother mild, be not troubled for your child"，霍克斯在 father 和 mother 后面分别加上了 dear 和

mild 两个形容词，既保证了结构平衡，又与下句的 child 押韵，比直接称呼 father and mother 更富于情感。第四句中的"穷通"是指"兴衰"，汉英词典上给出的解释差不多都是 rise and fall，英国历史学家吉本 (Edward Gibbon) 的《罗马帝国衰亡史》的英文也是 The Decline and Fall of the Roman Empire。霍克斯在这里使用了动名词形式，为的是与下一句的 parting 押韵。

中国的诗句经常省略主语，但翻译成英文时又必须有明确的主语，否则很容易产生歧义，原诗中第二句就是一个典型的例子。"恐哭损残年"，霍克斯译为"I fear that my remaining years will waste away in homesick tears"（我恐怕剩下的岁月都要在思乡的泪水中度过了）。探春还是个十六七岁的女孩儿，用"残年"来形容她日后的岁月不合情理；从上下文来看，下面一句是安慰亲人，让他们不要牵挂自己。但是，先告诉他们自己很悲痛，要在泪水中消磨残年，还要让他们别惦念，显然不合乎逻辑。探春远嫁时，贾母洒泪道："三丫头这一去了，不知三年两年那边可能回家？若再迟了，恐怕我赶不上再见她一面了。"诗中的"恐哭损残年"即照应了贾母的话。所以，这句话应该理解为探春担心上了年岁的亲人（父母、祖母）因思念自己而哭泣，损伤了身体，杨宪益的译文就是按照这个意思翻译的：

But afraid to distress their declining years with tears

She tells her parents: Don't grieve for your child.

当然，我也不敢肯定地说霍克斯翻译得不对，因为诗无达诂，不同的人有不同的理解，更何况曹雪芹也没有明确告诉我们谁恐、谁哭、损谁的残年。

著名红学家周汝昌说过，如果你想挑选一件最困难而且最值得做也最需要做的文化工作，那么请你去研究评价曹雪芹和他的《红楼梦》吧。同理，翻译《红楼梦》也是如此。

你知道吗？他也曾翻译过《红楼梦》

2015 年 7 月,《光明日报》刊登了一篇报道,标题是"林语堂英译《红楼梦》原稿在日本被发现"。报道一经刊出,立刻引起红学界和翻译界的广泛关注。

林语堂真的翻译过《红楼梦》吗？原来,事情是这样的：2014 年,南开大学的一位从事《红楼梦》日文翻译研究的博士从资料中了解到,1973 年,日本翻译家佐藤亮一曾收到林语堂寄给他的《红楼梦》英译原稿,并在几个月后又收到了修改稿。佐藤亮一将林语堂英译《红楼梦》转译成日文,并于 1983 年在日本出版。顺着这条线索,几经辗转,这位南开的博士终于在日本的一家图书馆看到了这份珍贵的原稿,包括林语堂的解说、序章以及 64 章译文。林语堂的英译不是完整翻译,而是对《红楼梦》全本 120 回的编译。

　　原稿用打字机单面打印，共 859 页，厚约 9 厘米。稿纸上有林语堂在不同时期用黑、蓝、红笔对稿件所做的大量修改笔记，还有两页英文手写稿。原稿的第一页是《红楼梦》的英文书名 *The Red Chamber Dream*；书名下是副标题 *A Novel of a Chinese Family*（一部中国家族的小说），并注明 "By Tsao Hsueh-chin（曹雪芹著）""Translated and Edited by Lin Yutang（林语堂译、编）"。

　　为什么林语堂翻译了《红楼梦》，自己不出版，却又拐了一个弯儿，让一位日本学者译成日文出版呢？林语堂和佐藤亮一均已仙逝，他们当时的想法和约定我们已经无从知晓，但有一点是可以肯定的，林语堂一生挚爱《红楼梦》，曹雪芹是对他影响最大的作家。

　　二十世纪初，林语堂从圣约翰大学毕业到清华大学任教。初到北京，他发觉自己因为上教会学校，把国文忽略了，"结果是中文仅仅半通"（千万别误会，林语堂的"半通"也比今天那些自诩"全通"的人通得多）。为此，他开始在中文上下功夫："首先，我看《红楼梦》，借此学北京话。袭人和晴雯的语言之美，使多少想写白话的中国人感到脸上无光。"

在 *My Country and My People*(《吾国吾民》) 一书中，林语堂是这样向外国读者介绍《红楼梦》的：

> I regard *the Red Chamber Dream* as one of the world's masterpieces. Its character-drawing, its deep and rich humanity, its perfect finish of style and its story entitle it to that. Its characters live, more real and more familiar to us than our living friends, and each speaks an accent which we can recognize.

林语堂认为《红楼梦》人物鲜活，展现了深刻而丰富的人性，加之完美的风格和动人的故事，完全当得起世界级名著的称号。小说中的人物比我们身边的朋友还要真实和熟悉，我们甚至能够分辨出他们讲话的口音和腔调。

林语堂对《红楼梦》中的人物也有极富个人色彩的

分析:

> Taiyu and Paots'a have become the nation's sweethearts, and a number of other types are there, too: the impetuous Ch'ingwen, the feminine Hsijen, the romantic Hsiangyun, the womanly T'anch'un, the garrulous Fengchieh, the talented Miaoyu, all there for one to settle one's choice upon, each representing a different type. The easiest way to find out a Chinaman's temperament is to ask him whether he likes Taiyu more or Paots'a more. If he prefers Taiyu, he is an idealist, and if he prefers Paots'a, he is a realist. If he likes Ch'ingwen, he will probably become a good writer, and if he likes Hsiangyun, he should equally admire Li Po's poetry.

在林语堂看来,《红楼梦》中的林黛玉和薛宝钗属于大众情人, 此外, 还有性情刚烈的晴雯, 女人味十足的袭人, 浪漫的湘云, 能说会道的凤姐, 才情过人的妙玉……

每一名读者都能找到自己喜欢的人物。

选择喜欢的人物倒也罢了，林语堂还能据此来判断人的性情。如果一个人喜欢黛玉，他就是理想主义者；如果他喜欢宝钗，那就是现实主义者。这种判断方法简单易行，但未必准确。按照这个逻辑，如果两个都喜欢，那就是"理想的现实主义者"，或者是"现实的理想主义者"；但如果两个都不喜欢，那这个人可就不好办了，neither here nor there，必是个缺乏个性、寡淡无味之人！当然，林语堂是用最为简捷的语言和方法向外国人介绍《红楼梦》，这样可能更容易为西方读者所接受，我们也不必过于较真儿。

林语堂在《红楼梦》上是下了大功夫的。1943年出版的《无所不谈合集》中，关于《红楼梦》的专题论文就有十二篇之多。如：《说晴雯的头发兼论红楼梦后四十回》《续论红楼后四十回问题》《说高鹗手定的红楼梦稿》《红楼梦人物年龄与考证》《新发现曹雪芹订百二十回红楼梦本》《再论红楼百二十回本》《平心论高鹗》等。此外，他还单独翻译并发表了林黛玉的《葬花吟》。我想这些应该是林语堂为翻译《红楼梦》所做的准备。

知道林语堂翻译了《红楼梦》，却看不到英译本，很是遗憾，那就先看看他翻译的《葬花吟》吧。

> 花谢花飞飞满天，红消香断有谁怜？
> 游丝软系飘春榭，落絮轻沾扑绣帘。

黛玉的《葬花吟》是一首长古，七言为主，对仗、平仄和押韵的要求不似七律诗那样严格，但由于篇幅较长，更易于叙事和抒情。林语堂没有拘泥于字句，而是采用了意译的方式，还原了原诗的缠绵伤感的情绪。

> FLY, FLY, ye faded and broken dreams
> Of fragrance, for the spring is gone!
> Behold the gossamer entwine the screens,
> And wandering catkins kiss the stone.

一个 fly 不够，林语堂连用了两个 fly，来对应原诗

中的"飞满天"，把"红消香断"译成 faded and broken
dreams of fragrance，意思是"春花残梦"，"有谁怜"三字
没有翻译，代之以 for spring is gone（因为春天已经过去）。
faded, broken, gone，一句话里三个很无奈的过去分词叠加
在一起，向读者传递了暮春的气氛。太多伤感，太多无
奈，仿佛李后主的"林花谢了春红，太匆匆"！"香榭"
和"绣帘"，林语堂没有直译，用了 screens 和 stone，回
避了外国读者不易明白的 fragrant pavilion 和 embroidered
curtain，也使译文不至于太冗长，影响诗的形态结构，最
后的 stone 还能与前面的 gone 押韵。

第二节中"闺中女儿惜春暮，愁绪满怀无释处"，林
语堂翻译得最见功力：

> Here comes the maiden from out her chamber door,
> Whose secret no one shall share.

"无释处"就是无人可以诉说，译为 no one shall share
最为贴切，而且用 secret 和 share 来搭配，更适合表达

少女的心思。如果按照字面意思翻译成 has nowhere to divert（let off, relieve, divulge），那就不是林黛玉了。

第四节"三月香巢初垒成，梁间燕子太无情"表现了林黛玉满怀伤悲无处排遣，只能对着梁上的燕子诉说的忧伤情绪，又应和了前面的"愁绪满怀无释处"。

> Sweet are the swallows' nests, whose labors of love
>
> This spring these eaves and girders grace
>
> Next year they'll come and see the mistress's home
>
> To find her gone – without a trace.

林黛玉并非真正说燕子无情，而是埋怨它们只知道筑巢，却不会想到明年它们从南方飞回时，这房子的女主人已经不在了。所以，林语堂没有说 How cruel you little swallows are! 而是省略了这句的翻译，免得外国读者当真。

> 一年三百六十日，风刀霜剑严相逼。
>
> 明媚鲜妍能几时，一朝飘泊难寻觅。

　　这四句是《红楼梦》中的经典诗句。表面上是说风霜雨雪对花朵的摧残，实际上是感叹自己在贾府中受到的各种冷遇和算计：

The frost and cutting wind in whirling cycle

Hurtle through the seasons' round.

How but a while ago these flowers did smile

Then quietly vanished without a sound.

　　"一年三百六十日"是典型的中国式表达，英国人要么说一年，要么说每天，所以直译出来肯定不符合外国读者的思维习惯；万一外国读者将"风刀霜剑"理解为自然界的风霜雨雪，没有领会到林黛玉说的生活中的"风刀霜剑"，他们会感到疑惑，你们中国怎么天天刮风下雨啊？

　　所以，林语堂将"一年三百六十日"译为 through the seasons' round（季节轮回），"风刀霜剑"译为 the frost and cutting wind，用 in whirling cycle hurtle（一轮接一轮的打击）翻译"严相逼"三字，可谓恰到好处。

原诗的第六节："花开易见落难寻，阶前愁煞葬花人。独倚花锄偷洒泪，洒上空枝见血痕。"后两句是个翻译的难点。中文读者都知道这是"杜鹃啼血"的典故，但林黛玉又没有说出来，属于 implicit meaning。如果直译，外国读者不但不明白，还可能误以为林黛玉真的哭坏了眼睛，流出了血泪。林语堂将"洒上空枝见血痕"译为 And sheds her scalding tears which shall be changed into the cuckoo's heartbreak song，林黛玉的眼泪化作了杜鹃的悲歌，既还原了杜鹃啼血的典故，又十分自然地过渡到第七节，不落痕迹，天衣无缝。

原诗的第七节："杜鹃无语正黄昏，荷锄归去掩重门。青灯照壁人初睡，冷雨敲窗被未温。"林语堂将其翻译为：

But the cuckoo is silent in the twilight eve,
And she returns to her lone home
The flickering lamp casts shadows upon the wall
And night rain patters, bed unwarmed.

在《葬花吟》的结尾还有一个经典的句子："侬今葬花人笑痴，他年葬侬知是谁？"林语堂十分偏爱这句诗，在《吾国吾民》"中国女性的生活"中还特意引用。林语堂认为中国的爱情诗歌大多数都是负面的情绪，主题不是离愁别绪、冷雨黄昏，就是红颜薄命、情人负心，而黛玉的这两句诗又将这种无尽的伤怀表达得淋漓尽致。

> This mood finds its typical expression in Taiyu's poem before her approaching death, lines that are memorable for their infinite sadness:
> This year I am burying the dropped blossoms,
> Next year who is going to bury me?

后来，在单独发表的《葬花吟》英译中，林语堂又重新翻译了这句诗：

> Let me be silly and weep atop your grave,
> For next year who will bury me?

很明显，《吾国吾民》中这句诗的翻译简洁有余而缜密不足，后面的翻译则更加妥帖。"人笑痴"译为 let me be silly，人们要笑就笑吧，林黛玉就是这样一个痴人。"葬花"译为 weep atop your grave（泪洒花冢），较之 bury the dropped blossoms 更细腻，也更深情。

关于林语堂的译诗就说到这里了，管窥蠡测，未必中肯。欣赏诗词，重要的是心领神会，反复吟诵，理解自然会加深，这就是"好诗不厌百回读"的道理。

发现林语堂的《红楼梦》译文手稿是一件大事，如果能够出版林语堂的译本，则是翻译界的一件盛事。十分喜爱林氏特有的翻译风格，行云流水的转换，云淡风轻的表达，机智幽默的语言。每次读《吾国吾民》，看到他把《水浒传》翻译成 *All Men Are Brothers*，都忍不住笑出声来。

说薛蟠：一个典型『浑人』的『话语体系』

在《红楼梦》中，薛蟠是个十分精彩的人物。说他精彩，并不是因为他人品高贵或者风流俊雅，而是曹雪芹以生花妙笔，将其塑造得活灵活现，如在眼前。

薛蟠，表字文龙，听上去倒是一个气宇轩昂的名字，只可惜名字与实际相差太远。他是"四大家族"中薛家的大公子，薛宝钗的哥哥，不学无术，胡作非为，《红楼梦》著名的"葫芦僧乱判葫芦案"就是由他引起的人命官司。虽说薛蟠是个典型的"浑人"，却也不是什么大奸大恶之人，他对母亲（薛姨妈）很孝顺，对妹妹（薛宝钗）也很疼爱，而且做人也还算是讲义气。所以不少读者对于薛蟠，还是蛮喜欢的，至少觉得他挺好玩儿。

《红楼梦》中有两处描写最能体现薛蟠的性格。第二十五回，贾宝玉和王熙凤中了马道婆的法术，生命垂危，家中乱作一团，薛蟠也在帮忙料理。"又恐母亲被人挤倒，又恐宝钗被人瞧见，又恐香菱被人臊皮——知道贾珍等人是在女人身上做功夫的，因此忙的不堪。忽一眼瞥见林黛玉风流婉转，已酥倒在那里。"对母亲的担心，对妹妹的照顾，对其他男人的防范，已经让本来就不怎么好使的脑子乱成一团，偏偏又看见了天仙一般的林黛玉！好色又不懂得控制，怎能不大脑缺氧，酥在当场？

第二十六回，薛蟠过生日，请贾宝玉赴宴，他怕宝玉不出来，竟谎称贾政叫宝玉问话。对于宝玉来说，这无异于头顶上打了个焦雷，谁知出得门来，却见薛蟠在那里哈哈大笑。宝玉当然会埋怨薛蟠不该这样恶作剧，薛蟠忙道："好兄弟，我原为求你快些出来，就忘了忌讳这句话，改日你要哄我，就说我父亲，就完了。"薛蟠的父亲已经去世，拿过世的先人开涮，也只有这种混不吝的人才能说得出口。

薛蟠浑人一个，但也有很可爱的一面。他因调戏柳湘莲被人家揍了个半死，后来两人冰释前嫌，薛蟠还是以满腔的真诚和情谊对待柳湘莲。他曾对贾琏说起他的计划："我先进京，去安置了我的事，然后给他（柳湘莲）寻一所宅子，寻一门好亲事，大家过起来。"薛蟠这样的人能够想到要好好过日子，实在是不容易，算得上是浪子回头了。只可惜四大家族气数已尽，一切都晚了。尤三姐死后，柳湘莲因心灰意冷而出走，薛蟠着实伤心，长吁短叹，多次落泪。可见，对待朋友，他还是重情重义的。我做如此评论，绝不是赞其人品，而是折服于曹雪芹刻画人物形象的能力，在他的笔下，每一个人物都是有优点也有缺点的，因此也是鲜活、丰满的。

当然，最让薛蟠这个人物出彩的还是曹雪芹为他量身设计的"话语体系"，他一开口，读者就知道这是薛大爷在讲话。他是这样邀请宝玉参加他的生日宴的：

> 要不是我也不敢惊动，只因明儿五月初三日是我的生日，谁知古董行的程日兴，他不知哪里寻来的这么粗这么长粉脆的鲜藕，这么大的西瓜，这么长的一尾新鲜的鲟鱼，这么大的

一个暹罗进贡的灵柏香熏的暹猪。你说，他这四样礼可难得不难得？……我连忙孝敬了母亲，赶着给你们老太太、姨父、姨母送了些去。如今留了些，我要自己吃，恐怕折福，左思右想，除我之外，唯有你还配吃，所以特请你来。

薛蟠提到的四样礼品的确非常难得，尤其是在那个时代。很显然，他自己也很看重这几样东西，先孝敬了母亲和家中的长辈，再请哥们儿一起品尝，从这一点看，也算是个有情义的人。但这个老兄的语言中基本上没有什么形容词，如此贵重的东西到了他那里，不是这么长，就是这么大，再不就是这么粗。可以想象，他那志得意满的样子跃然纸上。最后一句，来得格外真诚，毫无虚伪矫饰："左思右想，除我之外，唯有你还配吃，所以特请你来。"看到这里，让我想起了《三国演义》"青梅煮酒论英雄"中曹操对刘备说的一句话："天下英雄，唯使君与操耳！"意思差不多，境界有高下。

我们来看看霍克斯的译文：

"Look," said Xue Pan. "I wouldn't have troubled you otherwise, only it's my birthday on the third of next month and old Hu and old Cheng and a couple of others, I don't know where they got from but they have given me:

a piece of fresh lotus root, ever so crispy and crunchy, as thick as that, look, and as long as that;

a huge great melon, look, as big as that;

a fresh caught sturgeon as big as that;

and a cypress-smoked Siamese sucking-pig as big as that came in the tribute from Siam.

... But apart from me, the only person I can think of who is worthy to eat a present like this is you. That's why I came over specially to invite you."

霍克斯在翻译这段文字时，脑海里一定出现了薛蟠眉飞色舞、唾沫星子乱溅的形象。译文中"a piece of fresh lotus root... as thick as that, look, and as long as that"和"a huge great melon, look, as big as that"，霍克斯在直译"as big as that"，"as long as that"，"as thick as that"的同时，又巧妙地加上了一个"look"，就如同我们说中文时加的插入语，"你看哈"或者"我跟你说啊"。有了"look"这个插入语，外国读者仿佛能看到薛蟠忙忙叨叨的样子。

好了，人也请到了，酒菜也摆上了，贾宝玉说要送一幅画给薛蟠作为生日贺礼，没想到引出了他的另一番高论：

> 你提画儿，我才想起来，昨儿我看人家一张春宫，画的着实好。上面还有许多的字，也没细看，只看落的款，是庚黄画的。真真好的不得了！

如果不是春宫，薛蟠根本不屑一顾。尽管很好这口儿，他也只能用"着实好"和"真真好的不得了"来表达自己的赞誉，其他的也说不出个子丑寅卯。估计这老兄肯定是盯着画儿看，不经意间瞥了一眼旁边的落款儿，还把唐寅给看作"庚黄"了。当然了，既是春宫图，应该是比较黄的，薛蟠说是"庚黄"（更黄）画的，也有一定道理。

搞笑的是，薛蟠还很会自我解嘲。他意识到自己闹了笑话，还讪讪地笑道："谁知他是'糖银'是'果银'的！"

杨宪益的译文：

> "Talking of painting," put in Hsueh Pan with a grin, "reminds me of an erotic picture I saw in someone's house the other day. Really superb it was. I didn't read all the inscriptions carefully, just noticed the artist's name: Kent Huang. The picture was marvelous."

杨先生的翻译没的说，只是显得有些文绉绉的。原文中薛蟠除了"着实好"，就是"好得不得了"，但译文中却有 marvelous 和 superb 以及 "Really superb it was" 这样富于变化的词语和句式，给人感觉薛蟠比较有文化，或者他的英文比中文好，而且"好得不得了"。

薛蟠后面自我解嘲的那句话，因为涉及谐音的关系，转换成英文很难。薛蟠不知道唐寅是谁，所以才说出"谁知他是'糖银'还是'果银'的"。

杨宪益先生的译文是：

"Who cares whether the fellow's name means 'sweet-silver' or 'nut-silver'?" he spluttered in his embarrassment.

薛蟠说的"糖银"和"果银"，是从"唐寅"的谐音转来的，杨先生将其直译为"sweet-silver"和"nut-silver"，考虑到外国读者可能会产生疑惑，又在页底加了两个注解，加以说明，这也是没有办法的办法。

霍克斯的译文则采用了另一种方式：

> "Oh, Tankin' or wankin'," he said, "what difference
> does it make, anyway?"

Tanking 和 wanking 两个字也是谐音，且很粗俗，也符合薛蟠的口吻，外国读者也容易理解，但毕竟与原文文意相差太远。

谐音是由发音引出来的语意联想，一旦转换成另一种语言，联系的脉络就被切断了，所以，翻译的时候就不得不像霍克斯那样"绕道"；如果像杨先生那样采取直译的办法，就必须加注解。鱼与熊掌不可兼得，这是从事翻译工作的人经常要面对的两难选择。

薛蟠还有很多"精彩"的语录，如女儿"悲、愁、喜、乐"的行酒令等，限于篇幅，就不一一讨论了。

在《红楼梦》几百个人物中，薛蟠不是什么重要角色，但却给读者留下了极其深刻鲜明的印象。其实，岂止薛蟠，哪一个人物不是有血有肉、活灵活现地站在我们面前？

一首诗中的十五个

『秋』字如何翻译

国学大师吴宓，是最早用西洋小说的方法研究《红楼梦》的学者之一，曾以中、英文发表过多部关于《红楼梦》的专著。这位老夫子学贯中西，至情至性，坊间流传着不少关于他的趣闻传说。1945 年，吴宓在西南联大任教，有一天和几个朋友沿街散步，看到路边有个餐馆，招牌上写着"潇湘馆"三个字，不禁勃然大怒。"潇湘馆"是林黛玉的居所，怎么能用作餐馆的招牌呢？他二话不说就直冲进去大吵，质问店主："你凭什么叫'潇湘馆'？你怎么配叫'潇湘馆'？"后经人调解，餐馆将招牌去掉了"馆"字，改为"潇湘"。

可见，林黛玉在吴宓心中已是天人，任何人都冒犯不得。艺术之感人，竟至于斯！

　　林黛玉貌美、聪慧、机智，但我想这些还不足以让吴宓这样的大学者为之倾倒，甚至敬若神明。曹雪芹虽多处写林黛玉的美，却没有具体的描写，而是用"两弯似蹙非蹙胃烟眉，一双似喜非喜含情目"形容她的眉眼，用"娴静时如娇花照水，行动处似弱柳扶风"形容她的体态。这种写法，如同国画的"留白"，把更大的想象空间留给了读者。所以，林黛玉的美，是曹雪芹引导着读者自己想象出来的。至于聪慧、机敏，大观园里女孩儿哪一个不是呢？

　　我个人认为，林黛玉这个人物真正打动吴宓的，除了美丽、高洁、聪慧之外，更重要的是出类拔萃的诗才，因为吴宓也是一个诗人，而且内心极其浪漫。

　　《红楼梦》群芳中，如以诗才论，当首推林黛玉（著作权属于曹雪芹）。林黛玉作诗，从不冥思苦想，反复推敲，而是信手拈来，一挥而就。第三十七回"秋爽斋偶结海棠社　蘅芜苑夜拟菊花题"中的描写最能反映黛玉的才思敏捷。迎春给大家限了"门"字韵，定下韵脚，又燃起一支香，约定香烬诗成。这种限韵诗最是难作，众人都在各自思索，"独黛玉或抚梧桐，或看秋色，或又和丫鬟们嘲笑"。待各人都作完了，黛玉才说："你们都有了。"说着提起笔来，一挥而就，写下了著名的《咏白海棠》：半卷湘帘半掩门，碾冰为土玉为盆。偷来梨蕊三分白，借得梅花一缕魂……

林黛玉的诗才，不独体现在才思敏捷，更在于诗情、巧思和气氛。林黛玉写过三首长歌行：《葬花吟》《秋窗风雨夕》和《桃花行》。《葬花吟》前文已有涉及，在此就谈谈《秋窗风雨夕》吧。

第四十五回，林黛玉病中独坐，潇湘馆外，秋霖霢霢，兼着那雨滴竹梢，更觉凄凉，便在灯下随便拿了一本书，却是《乐府杂稿》，有《秋闺怨》《别离怨》等词。林黛玉心有所感，按照《春江花月夜》的格调，写成《秋窗风雨夕》。

秋花惨淡秋草黄，耿耿秋灯秋夜长。
已觉秋窗秋不尽，那堪风雨助凄凉！

助秋风雨来何速，惊破秋窗秋梦绿。

抱得秋情不忍眠，自向秋屏移泪烛。

泪烛摇摇爇短檠，牵愁照恨动离情。

谁家秋院无风入？何处秋窗无雨声？

罗衾不奈秋风力，残漏声催秋雨急。

连宵霡霡复飕飕，灯前似伴离人泣。

寒烟小院转萧条，疏竹虚窗时滴沥。

不知风雨几时休，已教泪洒窗纱湿。

从题目上看，"春江花月夜"与"秋窗风雨夕"就是一副对联，而且是非常工整的"反对"，内容和气氛也是如此。"已觉秋窗秋不尽，那堪风雨助凄凉！"林黛玉孤单寂寞地坐在窗前，听着淅淅沥沥的秋雨敲打着窗棂，想着自己的身世和未来。"助秋风雨来何速？惊破秋窗秋梦绿。"突如其来的风雨，浇灭了她的期望，让她预感到青春年华即将逝去。比之《葬花吟》，这首《秋窗风雨夕》更悲怆，更凄凉，是诗人未来命运的一个很重要的铺垫。

从艺术手法上看，这首诗也极具特色。全诗共五节二十句，竟然用了十五个"秋"字，"秋花""秋夜""秋窗""秋梦""秋院""秋雨"……渲染了雨中秋夜的悲凉。虽然"秋"字反复出现，却丝毫不显重复，反而有"大珠小珠落玉盘"之感。

如此凄美的诗句，翻译成英文很难，传递情绪和气氛更难。我们来看看杨宪益先生是怎么处理的：

Sad the autumn flowers, scar the autumn grass,

Autumn lamps flicker through the long autumn night;

Unendurably desolate by the autumn window,

In the wind and rain autumn seems infinite.

第一句直译，倒装句式，干净利落。第二句"耿耿秋灯秋夜长"，用 flicker through 将秋灯与秋夜连接起来，灯光摇曳，秋夜漫长，非常巧妙。三、四句颠倒次序，拆开重组，与原文妙合。

助秋风雨来何速，惊破秋窗秋梦绿。

抱得秋情不忍眠，自向秋屏移泪烛。

The wind and rain speed autumn on its way,

By the window shattering her autumn dream;

And the girl with autumn in her heart cannot sleep

But trims the candle by her autumn screen.

"助秋风雨来何速"，不可硬译，原文的意思是突如其来的风雨加速了秋天的脚步，杨先生用 speed 一个词，将"助秋"与"来何速"都涵盖了。中文诗可以省略主语，英语办不到，所以，杨先生加上了"the girl"，解决了"抱得秋情不忍眠"的主语问题,同时也给出了画面感，让读者仿佛看到了一个病弱女子在凄风苦雨中孤独的身影。什么是"抱得秋情"呢？杨先生用"with autumn in her heart"来转换，意思是"心中充满悲秋的伤感"，堪称佳译。那么，"这个女孩"（the girl）是林黛玉自己，还是曹雪芹借林黛玉之笔，描绘了另一个悲秋伤怀的女子呢？

我们再看两段才能找到答案。

> 泪烛摇摇爇短檠，牵愁照恨动离情。
> 谁家秋院无风入？何处秋窗无雨声？
> Guttering on its stick, the candle sheds tears of wax,
> Evoking the grief of separation, its pain,
> As through each autumn courtyard gusts the wind,
> And on each autumn window beats the rain.

"泪烛"在中国诗词中有着明确的意象，"蜡烛有心还惜别，替人垂泪到天明""春蚕到死丝方尽，蜡炬成灰泪始干。"不知道西方读者是否理解得与我们一样。不过，杨先生用 the candle sheds tears of wax, evoking the grief of separation, its pain，蜡烛也在流泪，引发离愁别绪，已经非常清楚了。"牵愁照恨动离情"，一句话里三个动词，都译出来必然累赘，所以，杨先生只用 evoking 这个分词，总揽 the grief of separation, its pain，"愁""恨"（苦）"离"三个意思都有了。高手译诗，简洁的同时还能面面俱到，实在是高。

> 罗衾不奈秋风力，残漏声催秋雨急。
>
> 连宵霢霢复飕飕，灯前似伴离人泣。
>
> The autumn wind, through silken quilts strikes chill,
>
> Her water-clock the autumn rain spurs on.
>
> All night the pelting rain and soughing wind
>
> Accompany her tears for one now gone.

　　The autumn wind, through silken quilts strikes chill，"罗衾不耐秋风力"一句，是从李后主的"罗衾不耐五更寒"变化而来。深秋的寒冷带着雨水的潮湿，比冬天还要难过，杜甫的《茅屋为秋风所破歌》中就有"布衾多年冷似铁，娇儿恶卧踏里裂"的句子。对于林黛玉来说，此时的寒，恐怕更多的是心里的寒。"连宵霢霢复飕飕，灯前似伴离人泣。""霢霢复飕飕"就是雨沙沙地下，风飕飕地刮，pelting rain 和 soughing wind，仿佛陪伴着离人的哭泣。杨先生将本句中的"灯前似伴离人泣"翻译为 Accompany her tears for one now gone。读到这里，可以看出杨先生译文中的 the girl 不是黛玉自己，而是她笔下一个同病相怜的女孩儿，甚至是她自己的"映像"。如果译文中的 the girl 是指林黛玉，那么此时林黛玉父母已亡，家中没有别的亲人，她心中所爱贾宝玉又在身边，对于她来说，似乎没有什么"离人"。在中国的古诗中，"离人"一词主要是用来写男女离别之思，如"晓来谁染霜林醉，总是离人泪"。林黛玉笔下的"离人"，应该是她读《秋闺怨》《别离怨》，心有所感，脑海里出现的一个形象。此时的林黛玉已经预见到自己未来的命运，这个形象（the girl）既是她笔下的一个人物，也是她心中未来的自己。

寒烟小院转萧条，疏竹虚窗时滴沥。

不知风雨几时休，已教泪洒窗纱湿。

Chill mist enwraps the court in loneliness,

Bamboos drip by the lattice without pause;

None can tell when the wind and rain will cease,

But already tears have soaked her window's gauze.

"寒烟"就是伴着秋雨的寒雾，故译为 chill mist。古诗的寒烟、烟柳、烟花、烟草等，是很特别的表达方式，多用于表达初春和晚秋的意境，翻译的时候要格外当心，千万不能望文生义，随手翻译。

窗外是淅沥的雨，窗内是悲苦的泪。如果说前面一首长歌行《葬花吟》中表达的是悲伤和孤傲，到了这首《秋窗风雨夕》，林黛玉似乎预感到了自己的命运，笔端流淌出来的已经是颓伤和绝望了！

读这首《秋窗风雨夕》，就像是一个透视过程，读者仿佛看到曹雪芹寒窗下披衣奋笔，描绘出秋窗下形影孤单的林黛玉，而林黛玉又用诗句，刻画出了一个同样在凄风苦雨中伤心流泪的女子。

曹雪芹的《红楼梦》就是动人的艺术作品，长歌行《秋窗风雨夕》更是典范。

病如西子，
林黛玉究竟吃的什么药

曹雪芹不仅是一位伟大的文学家，还深通医道。有研究者做过粗略统计，《红楼梦》中涉及疾病与医药的有六十六回，出现中医药和养生描写的有二百九十多处，中医术语一百六十多条，中药一百二十几种以及一百多种各科疾病。

说到《红楼梦》里的药和病，就不能不提到林黛玉。"心较比干多一窍，病如西子胜三分"，这位大小姐仿佛是带着药罐子来到这个世界的。

《红楼梦》第三回，林黛玉初进贾府。

> 众人见黛玉年貌虽小，其举止言谈不俗，身体面庞虽怯弱不胜，却有一段自然的风流态

度，便知她有不足之症。因问："常服何药，如何不急为疗治？"黛玉道："我自来是如此，从会吃饮食时便吃药，到今日未断，请了多少名医修方配药，皆不见效。……如今还是吃人参养荣丸。"

这一段对话交代了林黛玉自幼体弱多病，也为后来故事情节的发展做了铺垫，其中提到了一种病症和一味中药，"不足之症"和"人参养荣丸"。

霍克斯教授是这样翻译的：

Everybody's attention now centered on Dai-yu. They observed that although she was still young, her speech and manner already showed unusual refinement. They also noticed the frail body which seemed scarcely strong enough to bear the weight of its clothes, but which yet had an inexpressible grace about it, and realizing that she must be suffering from some deficiency, asked her what medicine she took for it and why it was still not better.

"I have always been like this," said Dai-yu. "I have been taking medicine ever since I could eat and been looked at by ever so many well-known doctors, but it has never done me any good. ... I'm still taking Ginseng Tonic Pills."

查了一下"不足之症"的翻译，如果是先天不足，大都译为 be congenitally deficient，或者 suffer from an inherent shortage，也可以简单表述为 be born weak。如果笼统地说有不足之症，则可以译为 have a poor constitution，或如霍克斯那样，译成 be suffering from some deficiency，更为准确。

这一段文字属于聊家常，还是比较容易处理的，到了第八十三回，黛玉病重，请来王太医诊治，诊断结论和所开处方就太专业了：

六脉弦迟，素由积郁。左寸无力，心气已衰。关脉独洪，肝邪偏旺。木气不能疏达，势必上侵脾土，饮食无味；甚至胜所不胜，肺金定受其殃。气不流精，凝而为痰；血随气涌，自然咳吐。理宜疏肝保肺，涵养心脾。虽有补剂，未可骤施。姑拟"黑逍遥"以开其先，后用"归肺固金"以继其后。不揣固陋，俟高明裁服。

我看了一遍，脑子一片混沌，别说英文了，就连中文也理解得云里雾里。好在我们有大师级的翻译家，为我们提供了学习的范本。

杨宪益先生英译：

The six pulses are tense and slow owning to pent-up grief. The feebleness of the left Tsun pulse shows debility of the heart. The strength of the Kuan pulse shows an over-heated liver. When the liver humour cannot disperse, it is bound to invade the spleen; causing loss of appetite and inevitably affecting the lungs too. The humours, failing to turn into vital force, will congeal as phlegm and agitate the blood, so that naturally there will be coughing.

The treatment should calm the liver, protect the lungs and strengthen the heart and spleen. But invigorants must not be rashly administered. I suggest starting off with thorowax boiled with turtle-blood, followed with medicine to soothe and strengthen the lungs. This is my humble proposal for your wise consideration.

杨先生不愧是大翻译家，如此复杂且专业的文字都能如行云流水般地译出。中医将左右手的脉各分为寸脉、关脉和尺脉，合称六脉，各自对应心、肝、肾、肺、胃等器官。外国读者只要大致明白中医把脉分为六个部位，不同部位反映不同的身体状况就行了。所以，杨先生采取了简单的音译方式，将左寸脉译为 left Tsun pulse，将关脉译为 Kuan pulse，这也是他一贯的风格。至于"归肺固金"，杨先生根据意思做了解释性的翻译：followed with medicine to soothe and strengthen the lungs（辅之以舒肺和补肺的药物）。这种译法，可能更便于外国读者理解。

我猜想霍克斯一定会打破砂锅问到底，找出书来一核对，果不其然，老先生将"左寸"和"关脉"分别译为 Left distal pulse 和 Left median pulse。用 distal（末梢的）和 median（中间的）来翻译寸脉和关脉，如果没有个经络图作为参照，外国读者还是会蒙圈。以霍克斯教授的认真态度，他必定会查阅资料甚至找专家请教，知道左关脉是管肝脏的，所以，特意把"关脉独洪"中的"关脉"加上了一个"左"字，译为 Left median pulse。不论外国读者懂不懂，能不能领会霍克斯的良苦用心，我们都要对他这种一丝不苟的态度表示敬意。

　　Pent-up emotion 是英文中一个常见的词组,意思是"压抑的情感",稍作变化,用 pent-up grief 来翻译"积郁"十分恰当。"肝邪偏旺"就是肝火过旺,"木气"就是肝气,杨先生译为 over-heated liver 和 liver humour(humour 在这里是脾气、精神状态的意思)。肝属木,霍克斯担心外国读者不懂,在 liver 后面用括号标注上 wood,估计读者会更加糊涂,可别误以为中国人的肝都是木头做的。

　　王太医开了两味药,但似乎没有写全,估计是什么黑逍遥散和归肺固金汤之类,所以没办法准确翻译成药名。杨先生根据意思和后面王太医对贾琏的解释,将"黑逍遥"翻译成 thorowax boiled with turtle-blood(鳖血煮柴胡)有点儿令人费解。黑逍遥散(丸)中的确有柴胡,但也有白芍、白术、茯苓和熟地等其他药材。不过,读者尤其是外国读者不会在乎黑逍遥究竟是什么,即便是完整译出药方,他们也不会照方抓药。话又说回来,"鳖血煮柴胡"还是蛮有神秘感的。

　　霍克斯教授翻译"黑逍遥"和"归肺固金"时采用了意译的方法,将"黑逍遥"译成 Black Ethereal Essence

（黑色轻灵的精华），用拉丁文将"归肺固金"译为 Elixir Pneumoferriferum，elixir 是灵丹妙药，pneumo 是肺的意思，ferriferum 是铁或金属，意思是"治疗肺金的灵丹妙药"（中医认为肺属金）。学问太大，只能仰视了。

　　曹雪芹不仅自己深谙医理，为了让情节更加丰富生动，他还让小说中的人物也略通针砭之道，薛宝钗就是典型的例子。在第四十五回中，宝钗知道黛玉日常服用人参养荣丸，遂劝道："昨儿我看你那药方上，人参、肉桂觉得太多了。虽说益气补神，也不宜太热，依我说，先以平肝养胃为要。"这一番话，哪里像一个十七八岁的女孩儿说的，倒像是出自一位老中医之口。还有一回，薛蟠的妻子夏金桂耍酒疯，大吵大闹，把薛姨妈气得左肋疼痛，宝钗知道是肝气上逆，便叫人去买了几钱钩藤来，浓浓的煎了一碗，给母亲吃了。薛姨妈不知不觉地睡了一觉，肝气也渐渐平复了。

　　更有意思的是，曹雪芹还通过薛宝钗之口，说出来当时药材造假之风盛行的情况。

　　《红楼梦》第七十七回，王熙凤病重，王夫人命家人去买人参，宝钗道：

> 　　如今外头买的人参都没有好的。虽有一枝全的，他们也必截做两三段，镶嵌上芦泡、须枝，掺匀了好卖，看不得粗细。我们铺子里常和参行交易，如今我去和妈说了，叫哥哥托个伙计去和参行商议说明，叫他们把未作的原枝好参兑二两来。

　　这一段话既表现了薛宝钗的精明，也揭露了参行的"潜规则"。

　　杨宪益先生的翻译：

> Pao-chai who was present put in, "One moment, aunt. There is no good ginseng to be bought outside. Whenever they get a whole root they cut it into two or three pieces, and graft other rootlets on to these to be

sold, with others, as if they are whole roots; so the size is nothing to go by. Our shop often does business with those ginseng dealers. I can easily ask my mother to get my brother to send an assistant to approach one of them and buy two ounces of good whole roots."

Root 的原意是"根"和"根茎"，在这里指整根的人参，而 rootlets 则是指人参的须子。在药材市场上，人参的根须越完整，价格就越高。-let 是个后缀，表示"小"，如 booklet（小册子），hamlet（小村子），boomlet（小规模或短暂的繁荣）。原文中的芦泡其实就是人参顶部的那个小疙瘩，杨先生省略了这个词的翻译，无伤大雅。霍克斯教授用 crown（皇冠）来翻译芦泡，也十分生动形象。

读《红楼梦》，不仅仅可以学习诗词歌赋之类的文学知识，更可以透过这部书，了解中国古代社会生活的方方面面，甚至连医药界的"黑幕"都被曹公通过宝钗之口剧透出来了。《红楼梦》实在是一部精彩纷呈的百科全书。

勇晴雯吸鼻烟

涕泗横流

　　清宫戏里经常有达官贵人吸鼻烟的镜头：从精致的鼻烟壶中倒出一点点在手指上，送到鼻孔，轻轻吸入，然后闭着眼睛，打上几个响亮的喷嚏。虽然在旁人看起来很不雅，但吸鼻烟的人一定感觉很舒服。

　　鼻烟是用上好的烟叶掺入薄荷、冰片等药材碾成粉末，经数年密封陈化而成，有提神醒脑、解郁开窍的功效。据说，明万历九年（1581 年），意大利传教士利玛窦来中国传教，所携带贡礼中，除自鸣钟和地图之外，还有鼻烟。刚传入中国时，鼻烟被称为"士拿乎""士那富"或者"西腊"，"士拿乎"和"士那富"是英语 snuff（鼻烟）的音译，字典上的解释是 powdered tobacco which people take by breathing it in quickly through their nose。到了雍正年间，雍正皇帝觉得鼻烟既然是用鼻子来闻的，直接叫"鼻烟"岂不更好？于是，"snuff"这种舶来品有了中国名字——鼻烟。

早期的鼻烟均为进口，且价格昂贵，最初只是达官显贵和士大夫的一种雅好，后来，随着鼻烟的广泛流行，成了一种社交方式，鼻烟可以用来招待朋友，表达友谊和尊敬。三五个好友聚在一起，一边闲聊，一边品吸鼻烟，喷嚏声此起彼伏，热闹的同时，更显滑稽。这种扎堆儿打喷嚏的聚会方式，较之王羲之等人的兰亭雅聚，相去何止万里！

鼻烟的吸食方式虽然不太雅观，但其药用效果还是很明显的，醒脑提神，开窍增慧。到了清中后期，鼻烟已经成了大户人家的常备之物。清末民初，更加普遍，渐成时尚。梁实秋先生在《雅舍小品》散文中说，他的祖父虽然不吸鼻烟，但却备有"十三太保"，十二个小瓶环绕一个大瓶，瓶口紧包着一块黄褐色的布，各瓶品味不同，放在一个圆盘里，捧献在客人面前。

如今，吸鼻烟的人几乎没有了，但鼻烟壶却作为一种文玩保留下来，而且备受收藏家的追捧。中国人比欧洲人考究，鼻烟壶有玉的、翡翠的、玛瑙的、水晶的，精雕细琢，形状百出。还有一种水晶内绘鼻烟壶，山水人物都是画在透明的壶里面的，真是鬼斧神工，精美绝伦。

《红楼梦》中也有关于鼻烟的描写。第五十二回，晴雯生病，虽然服了药，还未见效，仍是发烧头疼鼻塞声重。

宝玉便命麝月取鼻烟来："给他闻些，痛打几个嚏喷就通快了。"麝月果真去取了一个金镶双金星玻璃小扁盒儿来递给宝玉。宝玉便揭开盒盖，里面是个西洋珐琅的黄发赤身女子，两肋又有肉翅，里面盛着些真正上等汪恰洋烟。晴雯只顾看画儿，宝玉道："闻些，走了气就不好了。"晴雯听说，忙用指甲挑了些抽入鼻中。不见怎么，便又多多挑了些抽入。忽觉鼻中一股酸辣，透入囟门，接连打了五六个嚏喷，眼泪鼻涕登时齐流。晴雯忙收了盒子，笑道："了不得，辣！"……宝玉笑问："如何？"晴雯笑道："果然通快些。只是太阳还疼。"

这段描写虽是生活琐事，却包含了很多有意思的信息。在曹雪芹时代，鼻烟已经很受上流社会的追捧，常被用来缓解头痛鼻塞，晴雯用了，也觉得有效。当时上好的鼻烟，都是进口货，以曹家当时的社会地位，曹雪芹对这些奢侈品应该很熟悉，这一点，从他对鼻烟盒以及晴雯吸鼻烟的感受细致入微的描写就能看得出来。贾宝玉给晴雯吸的是"上等汪恰洋烟"，对此，脂砚斋有一条批注："汪恰，西洋一等宝烟也。"可见，"汪恰"应该是西洋鼻烟的一个著名品牌，类似今天的"万宝路"什么的。

这样一段有声有色的描写，高手是怎么翻译的呢？我们来看看霍克斯教授的译文：

"Fetch the snuff," Bao-yu commanded. "If sniffing it can make her give a few good sneezes, it will clear her head."

Musk went off to do his bidding and presently

returned with a little oval box made of aventurine, edged and embellished with gold. Bao-yu took it from her and opened it. Inside the lid, in West Ocean enamel, was a picture of a naked, yellow-haired girl with wings of flesh. The box contained snuff of the very highest quality, which foreigners call uncia.

"Sniff some," he told Skybright, who had taken the box and was gazing fascinatedly at the picture inside it. "If you have it open too long, it will lose its fragrance and then it won't be so good."

Skybright took a little of the snuff with her finger-nail and sniffed it up her nose. Nothing happened, so she scooped up a really large amount and sniffed again. A tingling sensation passed through the root of her nose, right up inside her cranium and she began to sneeze: four, five, six times in succession. Immediately her eyes and nose began to stream. She shut the box hurriedly with a laugh.

"Goodness, how it burns!"

"How was it?" said Bao-yu.

"Much clearer," she said. "But I still have this headache in the front of my head."

　　曹雪芹不吝笔墨，细致入微；霍克斯忠实原文，一字不漏，可谓佳作佳译。这种非常生活化的描写和对话，写得精彩和译得传神都不容易。对照了杨宪益先生的译本，除了几个词语，如"西洋"和"通快"的译法略有差别之外，其他基本一致，可谓英雄所见略同。

　　对于"汪恰洋烟"一词，杨宪益先生采用了音译的方法，译作 Wangchia foreign snuff，而霍克斯教授则用了一个从句，The box contained snuff of the very highest quality, which foreigners call uncia. uncia 是拉丁语，有好几个不同的解释，既是古罗马的铜质钱币，也是古罗马的计量单位，还是中亚山区的一种雪豹。我猜测，霍克斯教授选用 uncia 这个词，可能出于两方面的考虑，一是 uncia 的发音与原文的"汪恰"十分接近，甚至说是音译亦无不可；二是 uncia 是古罗马的一个词语，在中国一直有鼻烟是由意大利传教士利玛窦首次传入中国的说法，所以用与利玛窦家乡有关的一个词语显得更加靠谱，而且从发音的角度上说，也会让外国读者感到更加熟悉亲切。当然，我们也不排除另一种可能，那就是霍克斯教授真的下了考据的功夫，从文献上找到当时确实有一种 uncia 牌的鼻烟。

不少红学爱好者也在关注"汪恰"一词的来历，有人认为当时美国弗吉尼亚盛产烟草和鼻烟，"汪恰"应该是弗吉尼亚（Virginia）的音译；还有人考证出十八世纪经营鼻烟的商号中，有一家名叫 Maximilian Vachette，据此判断"汪恰"就是 Vachette 的音译，来自西洋商人的姓氏。

众说纷纭，莫衷一是。"汪恰"这两个字，就当是曹雪芹先生留给我们的字谜吧。

林黛玉的
古琴艺术讲座

琴棋书画，并称"文人四艺"，而琴居其首。"琴"在这里特指古琴，亦称"七弦琴"，距今已有三千多年的历史。《琴操》中有"伏羲作琴"的记载，据说伏羲创制的琴只有一根弦，后舜改为五弦，周文王增一弦，到了武王伐纣时，又增一弦为七弦，始成定制。我们今天看到的古琴就是七弦琴。

关于古代帝王制琴的记载，未必尽是史实。当帝王的，既要让老百姓吃饱肚子，又要防御外敌入侵，还要发动战争统一天下，哪来的时间钻研古琴？多半是后世假托他们的名义罢了，但这些记载和传说至少从一个角度说明了古琴源远流长的历史。

可以肯定的是，到了周朝，古琴已经成为民间非常流行的乐器。《诗经》中有关琴的诗句比比皆是。"窈窕淑女，琴瑟友之（《诗经·国风·关雎》）；我有嘉宾，鼓瑟鼓琴（《诗经·小雅·鹿鸣》）；琴瑟在御，莫不静好（《诗经·郑风·女曰鸡鸣》）……可见，古琴已经走进日常生活，成为人们表达爱慕、招待宾客、抒发情感的艺术形式。

古琴音域宽广，音色深沉，余音悠长，其清、和、淡、雅的音乐品质，最适合寄托文人超凡脱俗的处世心态，千百年来，一直是读书人和士大夫修身养性、抒发情怀的音乐形式，也因此被赋予了深厚的文化内涵。

与古琴相关的典故有很多：俞伯牙和钟子期高山流水遇知音；嵇康刑场抚琴，一曲《广陵散》，遂成千古绝唱；诸葛亮巧施空城计，弹琴退敌……带琴字的成语更是不胜枚举，琴瑟和鸣、如鼓琴瑟、琴剑飘零、对牛弹琴、焚琴煮鹤……足见琴在人们日常生活中的地位。

《红楼梦》描写的是封建社会大家族的生活，自然少不了琴。第八十六回，宝玉到潇湘馆去看林黛玉，见她正在看一本书，书上的字一个也不认得。有的像"芍"字；有的像"茫"字；也有一个"大"字旁边"九"字加上一勾，中间又添个"五"字；也有上头"五"字"六"字又添一个"木"字，底下又是一个"五"字。原来，黛玉正在看一本琴谱。

> 贾宝玉不懂琴谱，却对上面像汉字又不是汉字的"天书"很感兴趣，非要林黛玉教他不可。黛玉道："不用教的，一说便可以知道的。"宝玉道："我是个糊涂人，得教我那个'大'字加一勾，中间一个'五'字的。"黛玉笑道："这'大'字'九'字是用左手大拇指按琴上的'九徽'，这一勾加'五'字是右手钩'五弦'，并不是一个字，乃是一声，是极容易的。"

别看林黛玉说得轻描淡写，其实古琴特别讲究，不论是琴谱还是弹奏手法都非常复杂。这段文字并不长，却不好理解，翻译起来就更难了。

闵福德的译文：

Baoyu was completely carried away:

"Oh, coz! How wonderful it all sounds! But I am afraid I still don't understand these peculiar characters. Please teach me how to read some of them."

"I don't need to teach you. It's easy."

"But I am such a fool! Please help me! Take that one there – all I can make out is Hook, with Big on top and Five in the middle."

Dai-yu laughed at him.

"The Big and Nine on top mean you stop the string with the thumb of your left hand at the ninth fret. The Hook and Five mean you hook the middle finger of your right hand slightly and pull the fifth string towards you. So you see, it is not what we would call a character, it's more a cluster of signs telling you what the next note is and how to play it. It's very easy..."

　　古琴的弹奏是左手按琴弦，右手弹琴，琴身外侧有十三个镶嵌的标志，叫做"徽"，是定音的标志。闵福德用"the ninth fret"来翻译"九徽"，十分恰当。"fret"的意思是琴格，也叫音品（牛津字典的解释是 one of the bars on the long thin part of a guitar, etc. Frets show you where to press the strings with your fingers to produce particular sounds.）。这一段最难处理的是最后一句，"并不是一个字，乃是一声"。如果翻译成 It is not a character, but a sound（或 note），就偏离原意了，因为原文说得很清楚，那不是一个字，而是几个字组合在一起，表示左手按弦的位置和右手弹奏的位置和手法，如此这般才能弹奏出所要的琴音。闵福德将这句看似简单实则复杂的话详细地解释出来，告诉外国读者，那不是一个字，而是一堆符号，告诉你是什么音高，如何弹奏（a cluster of signs telling you what the next note is and how to play it）。为了突出黛玉耐心解释的口吻，闵福德还用了"so you see, it is not what we would call a character, it is more..."，用聊天的语气，让对话娓娓道来，场景如在眼前。

黛玉的『知音』不是宝玉，

而是她

　　说到古琴，人们很自然地会联想到俞伯牙和钟子期的故事。"伯牙善鼓琴，钟子期善听"，一曲《高山流水》，成就了千古知音的佳话。

　　佳话归佳话，现实生活中，知音还是少之又少。《红楼梦》第八十六回中，林黛玉给贾宝玉解释了半天古琴，从琴谱到心境，从旨趣到指法，但宝玉好像也没听出个子丑寅卯来。

　　难道说，林黛玉一个"知音"也没有吗？不是的，有一个人，不仅能欣赏她的琴，还能听得懂她琴音中传递的心声。这个人就是妙玉。妙玉在小说中戏份并不多，但却在金陵十二钗正册中排在第六位。很多研究红学的人认为她出身高贵，与贾家渊源深厚，甚至有可能是皇家血脉，因宫廷斗争，寄养在贾府。脂砚斋点评妙玉时着意强调，"妙卿身世非凡，心性高深"。既然是如此身世背景，必定受过良好的教育，因此精通音律也就不足为奇了。

《红楼梦》第八十七回，宝玉送妙玉回栊翠庵，经过潇湘馆，忽听得叮咚的琴声，原来是林黛玉正在抚琴。宝玉道："咱们去看他。"妙玉道："从古只有听琴，再没有看琴的。"宝玉笑道："我原说我是个俗人。"说着，二人走至潇湘馆外，在山子石上坐着静听，甚觉音调清切。只听得低吟道：

风萧萧兮秋气深，美人千里兮独沉吟。

望故乡兮何处？倚栏杆兮涕沾襟。

歇了一回，听得又吟道：

山迢迢兮水长，照轩窗兮明月光。

耿耿不寐兮银河渺茫，罗衫怯怯兮风露凉。

又歇了一歇。妙玉道："刚才'侵'字韵是第一叠，如今'阳'字韵是第二叠了。咱们再听。"里边又吟道：

子之遭兮不自由，予之遇兮多烦忧。

之子与我兮心焉相投，思古人兮俾无尤。

妙玉道："这又是一拍。何忧思之深也！"宝玉道："我虽不懂得，但听他声音，也觉得过悲了。"里头又调了一回弦。妙玉道："君弦太高了，与无射律只怕不配呢。"

里边又吟道：

人生斯世兮如轻尘，天上人间兮感夙因。

感夙因兮不可惙，素心如何天上月！

妙玉听了，呀然失色道："如何忽作变徵之声？音韵可裂金石矣！只是太过。"宝玉道："太过便怎么？"妙玉道："恐不能持久。"正议论时，听得君弦"嘣"的一声断了。妙玉站起来，连忙就走。宝玉道："怎么样？"妙玉道："日后自知，你也不必多说。"竟自走了。

闵福德的译义：

They had now reached a rockery close to the Naiad's House. They sat down and listened in silence, touched by the poignancy of the melody. Then a murmuring voice began to chant:

"Autumn deepens, and with it

the wind's bitter moan.

My lover is far away;

I mourn alone.

Gazing in vain

For a glimpse of home,

I stand at my balcony.

Tears bedew my gown."

After a brief pause, the chant began again:

"Hills and lakes melt

Into distant night.

Through my casement shines

   the clear light

   Of the moon

   And the sleepless Milky Way.

   My thin robe trembles

   As wind and dew alight."

There was another brief pause. Adamantina said to Bao-yu:

"The first stanza rhymed on 'moan', the second on 'night'. I wonder how the next rhyme?"

The chant began again from within:

"Fate denies you freedom,

   holds you bound;

Inflicting on me too

a heavy wound.

In closest harmony

Our hearts resound;

In contemplation of the Ancients

Is solace to be found."

"That must be the end of the third stanza," said Adamantina. "How tragic it is!"

"I don't know anything about music," said Bao-yu. "But just from the way she sang, I found it terribly sad."

There was another pause, and they heard Dai-yu tuning her Qin.

'That tonic B-flat of hers is too sharp for the scale,' commented Adamantina.

The chant began again:

"Alas! this particle of dust,

the human soul,

Is only playing out

a predetermined role.

Why grieve to watch

The Wheel of Karma turn?

A moonlike purity remains

My constant goal."

As she listened, Adamantina turned pale with horror.

"Just listen to the way she suddenly uses a sharpened fourth there! Her intonation is enough to shatter bronze and stone! It's much too sharp!"

"What do you mean, too sharp?" asked Bao-yu.

"It will never take the strain."

As they were talking, they heard a sudden twang and the tonic string snapped. Adamantina stood up at once and began to walk away.

"What is the matter?" asked Bao-yu.

"You will find out in time. Please don't say anything about this."

She walked off, leaving Bao-yu in a state of great confusion.

　　贾宝玉不懂琴，所以他要进去看林黛玉弹琴；妙玉深谙琴理，知道只有在一旁静听，才能更好地体会琴中的韵味，这是典型的"外行看热闹，内行听门道"。

　　在听到林黛玉吟出第二叠后，妙玉立即说出"刚才'侵'字韵是第一叠，如今'阳'字韵是第二叠了"，足见其对音律之敏感。但是，妙玉这句话翻译起来难度可是相当大的。闵福德是这样翻译的：The first stanza rhymed on "moan", the second on "night". I wonder how the next rhyme?

　　先说"叠"字的翻译。"叠"的意思是乐曲的重复演奏，如古曲《阳关三叠》，因为要反复吟唱三次，故称之为"三叠"。"Stanza"在牛津字典中的解释是 a group of lines in a repeated pattern that form a unit in some types of poem，用来翻译"叠"字，恰到好处。

但接下来的"'侵'字韵"和"'阳'字韵"可就麻烦大了。中国古人作诗有严格的押韵要求，为了方便说某个韵，就选一个字为代表，如"侵"字代表和"侵"同韵的所有汉字的这个韵，"阳"字韵也是如此。可是，英语中没有这种讲究，无奈之下，闵福德只好先按英诗的韵律翻译，然后将译诗中的第一个韵脚拿出来，替代"侵"字和"阳"字，于是，就成了 the first stanza rhymed on "moan"（第一叠译文中 moan, alone, gown 同韵），the second on "night"（第二叠译文中 night, light, alight 同韵）。这种灵活变通的译法很容易为外国读者所接受，但前提是诗歌的翻译必须合辙押韵，所以，没有相当的功力是做不到的。

听完了黛玉弹奏的第三叠，妙玉道："君弦太高了，与无射律只怕不配呢。"

什么是君弦呢？君弦是古琴最外面的一根，也称一弦。君弦是定音高的，君弦高了，其他弦也会跟着高上去。中国古代音律分为十二律，奇数为阳律，偶数为阴律，

"无射"是六个阳律的最后一个，如果换算成西洋音乐的十二绝对音高的话，应该是降 B 调，英文是"B-flat"。所以，闵福德将这句话译成："That tonic B-flat of hers is too sharp for the scale," commented Adamantina.

到了最后一段，也就是第四叠，林黛玉的心情愈加悲切，琴作"变徵之声"，妙玉刚说出"只是太过，恐不能持久"，那君弦便"嘣"的一声断了。一般来说，君弦是最粗最结实的，由九九八十一根蚕丝编成，以林黛玉的纤纤玉指，很难弹断。作者之所以写君弦崩断，更多地是用来暗示林黛玉的命运。妙玉所说的"变徵之声"是出自《史记·刺客列传》的一个成语，意思是声音高亢悲壮。"徵"是中国古代五个音阶（宫、商、角、徵、羽）中的第四个，徵调变化，声音悲壮。闵福德将"变徵之声"译为 sharpened fourth（拔高了的第四个音阶），将"君弦"译为 tonic string（主音之弦），很值得我们认真体会。

《红楼梦》中有太多的中国文化的特殊表达，连我们中国人自己也未必能领悟到位，而霍克斯和闵福德却能优雅准确地用英文呈现给外国读者，殊为不易。他们的翻译有如此成就，除了母语优势、汉学功底、博学勤奋之外，虚心求教也是他们取得成功的重要原因之一。闵福德在《红楼梦》英译本（*The Story of the Stone*）第四册前言中提到，他曾向多位专家请教关于占卜、围棋和音乐等方面的专业词汇，帮助过他的人中甚至还包括杨宪益和吴世昌这样的翻译和文化大家。（I am grateful to Professor Ting Su of Los Angeles for helping me with fortune-telling; to Professor Matsudaira Chiaki of Kyoto University, and Professor Kakei Fumio of Ritsumeikan University, Kyoto, for help with Go terminology; to Dr Laurence Picken for help with musical terminology... Since my arrival in China, I have been greatly helped by Professor Yang Xianyi and Wu Shichang.）

"转益多师是汝师。"大师级人物尚能如此，我等后学晚辈，更应勤学多问，无负今日。

谁是《红楼梦》中真正的

围棋高手

围棋，古称"弈"，也叫"手谈"，是世界上最古老的棋盘游戏。传说上古时尧帝为了启发教育儿子丹朱而创制了围棋,先秦典籍中有"尧造围棋，丹朱善之"的记载。如果传说是真的，那么围棋至少应该有5000年以上的历史了。围棋和古琴、书法、绘画一样，是中国古代读书人文化修养的体现，与琴、书、画相比，围棋还具有独特的趣味性和竞争性，所以很受士大夫阶层的青睐，在大家族中也很流行。

贾府里的四位小姐，元春、迎春、探春、惜春，身边各有一个丫鬟，名字都很文艺，抱琴、司棋、侍书、入画，分别对应琴棋书画四艺。迎春虽然给丫鬟取名司棋，但她好像不怎么喜欢下棋，倒是惜春对围棋很着迷。着迷并不等于是高手，那么，《红楼梦》中真正的高手是谁呢？

答案是：妙玉。

小说中有多处提到下棋，往往只是一带而过，只有对惜春和妙玉两人对弈的描写，着墨颇多。《红楼梦》第八十七回，贾宝玉去看惜春，刚到窗下，只听屋里微微一响，不知何声。

宝玉站住再听，半日，又"啪"的一响。宝玉还未听出，只见一个人道："你在这里下了一个子儿，那里你不应么？"宝玉方知是下棋呢。但只急切听不出这个人的语音是谁。底下方听见惜春道："怕什么？你这么一吃我，我这么一应；你又这么吃，我又这么应：还缓着一着儿呢，终究连得上。"那一个又道："我要这么一吃呢？"惜春道："啊呦，还有一着反扑在里头呢，我倒没防备。"宝玉听了听那一个声音很熟，却不是他们姐妹，料着惜春屋里也没外人，轻轻的掀

帘进去。看时不是别人，却是那栊翠庵的槛外
人妙玉。这宝玉见是妙玉，不敢惊动。妙玉和
惜春正在凝思之际,也没理会。宝玉却站在旁边，
看他两个的手段。只见妙玉低着头，问惜春道：
"你这个畸角儿不要了么？"惜春道："怎么不
要？你那里头都是死子儿,我怕什么？"妙玉道：
"且别说满话，试试看。"惜春道："我便打了起
来，看你怎么着。"妙玉却微微笑着，把边上子
一接，却搭转一吃，把惜春的一个角儿都打起
来了，笑着说道："这叫做'倒脱靴势'。"

　　这一段描写中涉及几个围棋的术语:吃、应、连、扑、打、接、倒脱靴，不会下棋的人看不太懂，外国读者更会摸不着头脑。

　　闵福德的译文：

He stood still and listened again, in the hope of hearing it more clearly. There it was! A distinct tap! He was still trying to think what it could be, when a voice said:

"Why have you made that move, and not countered there?"

It was a game of Go! But Bao-yu did not have time to recognize the voice of the speaker. He heard Xi-chun reply:

"Why should I bother? If you take me there, I simply counter here, and if you take me again, I shall still be one move ahead, and in the end I shall be able to connect."

"And what if I take you here?"

"Aiyo!" exclaimed Xi-chun. "You had an inside counter-attack up your sleeve. I'm defenceless."

...

Bao-yu continued to stand there and watch. Adamantina leant over the board and said to Xi-chun:

"Do you want to lose that whole corner?"

"Of course not! It's perfectly safe. All those pieces of yours are "dead", aren't they?"

"Are you sure? Go ahead and try."

"All right. There's my move. Now let's see what you can do."

A smile crossed Adamantina's face. She placed her next piece to link up with one she already had on the edge of the board, and then pounced on one of Xi-chun's pieces and annihilated her entire corner. She laughed:

"That is called 'Pulling Your Boots Off Upside Down' !"

这一段翻译，除了"扑"和"倒脱靴"，外国读者是很容易看懂的：吃 =take，应 =counter，连 =connect，扑

=inside counter-attack，打（叫吃）=pounce on，接=link，倒脱靴=pull your boots off upside down。"扑"又称"倒扑"，是对局中常用的吃子手段，先将一子扑入对方口中，迫使对方吃子而导致"气"少，然后再反吃对方，是典型的置之死地而后生。闵福德将"扑"译为 inside counter-attack，意思是从对手的势力范围内部进行反击，十分贴切。"倒脱靴"也是围棋死活问题中的一个独特棋形，是在对方吃掉自己数子之后，反吃对方，只不过比"扑"要复杂，业余棋手往往看不出已经出现的"倒脱靴"的棋形，错失良机。"倒脱靴"一般有"方四"和"曲四"两种棋形，"曲四"的情况较多。大概是因为"曲四"形状类似靴子，一旦提子形成"曲四"，就有可能被对手倒提回去，所以才有"倒脱靴"这个形象的称谓。闵福德的译法是 pull your boots off upside down，保留了原文的趣味性。

妙玉走了之后，惜春还自己研究了一番棋谱：

> （惜春）静坐了一回，又翻开那棋谱来，把孔融、王积薪等所著看了几篇。内中"茂叶包

蟹势"、"黄莺搏兔势",都不出奇;"三十六局
杀角势",一时也难会难记;独看到"十龙走马",
觉得甚有意思。

闵福德英译:

She told a maid to light some incense, and meditated
for a while. Then she took down to her Go handbook
and began looking through it, studying the tactics
of such famous Go Masters of old as Kong Rong
and Wang Ji-xin. There was "Crab Wrapped in Lotus
Leaves", and "Golden Oriole Strikes Hare"; but she
found neither of these impressive, and "Corner Kill in
Thirty Six Moves" she found too hard to understand
and harder to remember. It was "Dragon-chain of Ten
Galloping Horses" that really caught her fancy.

孔融是东汉末年人，著名的"建安七子"之一，后被曹操所杀；王积薪是唐朝人，玄宗时的翰林院棋待诏，属于挂靠在翰林院专门负责陪皇帝下棋的官员。两人都有围棋专著，但可惜未能传世，只留下一些零散的招法。围棋招法变化多端，棋谱往往会给这些招式起一些生动形象的名字。外国读者读的是小说，不是棋谱，所以把名字译得生动有趣就可以了，不必过于纠结。

无论惜春怎么打谱，仍然不是妙玉的对手，而且差距还不是一点半点。第一百十一回，又是二人对弈：

> 惜春亲自烹茶。两人言语投机，说了半天。那时天有初更时候，彩屏放下棋枰，两人对弈。惜春连输两盘，妙玉又让了四个子儿，惜春方赢了半子。不觉已到四更，正是天空地阔，万籁无声。

这是一段非常有意境的描写，夜深人静，纹枰对坐，万籁俱寂，只有棋子落在棋盘上发出清脆的响声。

闵福德译文：

> Xi-chun made the tea, and the two of them were soon carried away in a spirited conversation that lasted until eight o'clock in the evening, when Landscape laid out the Go-board, and they settled down to play. Xi-chun lost the first two games, but then Adamantina gave her a handicap of four and she managed to win the next by half a point.
>
> Before she knew, it was two o'clock in the morning. Outside, the night was breathlessly still.

让子棋是对弈双方棋力悬殊的情况下采取的对局方式，高手让下手执黑，并在棋盘上先放上约定棋子，如果是让四子，就是让黑棋先在四个星位上摆上黑子，然后白棋先行。妙玉能让惜春四子，说明她的棋力高出惜春甚多。"让子棋"英文是 handicap game，放在其他体育比赛中叫"让步赛",牛津字典的解释是 a race or competition in which the most skillful must run further, carry extra weight, etc. in order to give all those taking part an equal chance of winning。所以,闵福德将"让了四个子"译为 gave her a handicap of four (pieces),十分妥帖。

围棋历史悠久,文化底蕴深厚,隋唐时期传入日本和朝鲜半岛,开枝散叶,形成了众多的流派、定式和招法,因此,有关围棋的术语也就格外复杂,有些还采用了日语的表达方式。飞 (knight's move)、顶 (bump)、曲 (bend)、尖 (diagonal)、托 (attach underneath)、冲 (push through)、压 (push down)、碰 (attach to the side)、镇 (capping)、挖 (wedge)、断 (cut)、拆 (extension)、搭 (attach)、渡 (bridge underneath) 等,基本上每走一步都有一个说法,至于中国流、大雪崩、相思断、村正妖刀、乌龟不出头等定式和招法,就更不是一两句话能说清楚的了。

闵福德是英国人,不会下围棋,但他是一位严肃的译者,不放过任何细节,虚心向京都大学松平千秋(Matsudaira

Chiaki）教授和京都立命馆大学笕文生（Kakei Fumio）教
授请教，将惜春和妙玉对弈的描写翻译得活灵活现。这
种一丝不苟的态度，着实令人钦佩。

翻译大家如何处理
成语这块『绊脚石』

成语是语言中定型的语汇，经过千百年披沙拣金，凝练而成。很多成语源自古代典籍和故事，是文化中的"活化石"；还有很多成语是老百姓日常用语，浅显易懂，却富于哲理。但在翻译过程中，成语又成了译者的难关，甚至是"绊脚石"。译得好，能使原文与译文相得益彰；译不好，就像是贴上去的补丁，与原文格格不入。

《红楼梦》中有3000多个成语，这些成语在曹雪芹笔下，撒豆成兵，熠熠生辉，那么，翻译家们又是怎么处理的呢？

我们先来看两个背后有典故的成语：得陇望蜀和助纣为虐。

得陇望蜀，语出《后汉书》："人苦不知足，既平陇，复望蜀"。《红楼梦》第四十八回，香菱要宝钗教她作诗：

> 宝钗笑道："我说你'得陇望蜀'呢。我劝你且缓一缓。"

汉英词典上对"得陇望蜀"常见的解释是：covet Sichuan after capturing Gansu – have insatiable desires; give him an inch and he'll ask for a mile; avarice knows no bound。字典给出的译法，当然是百分百的正确，但如果照搬到宝钗的话里，就不那么合适了。直译 covet Sichuan after capturing Gansu 最不可取，外国读者既不知道《后汉书》中的典故，也不知道"陇"和"蜀"究竟是个啥；avarice knows no bound 语气又过于重了，avarice 在英语中贬义明显，而宝钗只是与香菱开玩笑而已，并非真正说她贪婪。give him an inch and he'll ask for a mile 语气恰当，但需要调整修改才能放到情境当中。

霍克斯教授的译文：

> You're like the famous general: "one conquest breeds appetite for another". I advise you to take things more gently.

杨宪益先生的译文：

> "The more you get, the more you want!" chuckled Pao-chai.

霍、杨两位先生的翻译都跳出了原文成语的圈子，杨宪益的翻译意思准确，直截了当，外国读者一看就懂；霍克斯教授的译法最接近原文，只是没有说出"陇"和"蜀"而已。"得陇望蜀"是东汉皇帝刘秀对他的一个将军岑彭讲的话，所以霍克斯在译文中加上了"You're like the famous general:"，既保证了句子的完整，又使 general（将军）与后面的 conquest（征服）遥相呼应，浑然一体。

助纣为虐，出自司马迁的《史记·留侯世家》："今始入秦，即安其乐，此所谓助纣为虐。"曹雪芹在《红楼梦》第九回把这个成语用在了贾瑞身上：

> 附助着薛蟠图些银钱酒肉，一任薛蟠横行霸道，他不但不去管约，反助纣为虐讨好儿。

杨宪益先生的翻译：

> In return for money and good meals from Hsueh Pan, he had not checked his disgraceful behavior but actually abetted him in order to curry favor.

霍克斯教授的译文：

> In return for money, drinks, and dinners, he had lately given Xue Pan a free hand in his nefarious activities – had, indeed, not only remained from interfering with him, but even "aided the tyrant in his tyranny".

　　杨先生还是一贯的简洁明了，将原文的意思准确地呈现给读者；霍克斯还是一贯的滴水不漏，将整句话逐字译出。用"aided the tyrant in his tyranny"来翻译"助纣为虐"，不仅读起来抑扬顿挫，意思上也与原文十分接近。tyrant（暴君）对应"纣"，tyranny（暴行）对应"虐"，恰到好处。

　　《红楼梦》中还有很多与佛教有关的成语，如"醍醐灌顶""一子出家，七祖升天"等。第六十三回，妙玉自称为"槛外之人"，宝玉不懂，后经邢岫烟解释，他才明白。

> 　　宝玉听了，如醍醐灌顶，"哎哟"了一声，方笑道："怪道我们家庙说是'铁槛寺'呢！原来有此一说。"

　　醍醐灌顶意思是灌输智慧，就好似将醍醐（乳酪）从人的头上灌下去一样，令人豁然开朗。《敦煌变文集·维摩诘经讲经文》："令问维摩，闻名之如露入心，共语似醍醐灌顶。"

杨宪益先生的译文：

Pao-yu felt as if Buddha had suddenly shown him the light. "Aiya!" he exclaimed. "No wonder our family temple is called Iron Threshold Temple. So that's the origin of the name."

霍克斯教授的译文：

The scriptures tell us that the revelation of the Buddha-truth comes "like ghee poured upon the head", Bao-yu must have had some such feeling as he listened to Xiu-yan, for he first of all gave a gasp of discovery and then laughed out loud.

"I see! That is why our family temple is called the 'Temple of the Iron Threshold'!"

杨宪益先生的译文清晰明快，"醍醐灌顶"的翻译更是精彩。一般字典上都将"醍醐灌顶"翻译成 be filled with wisdom, be enlightened，这样翻译意思是对了，但是没有体现出原文的佛教色彩。而杨先生的译文，Pao-yu felt as if Buddha had suddenly shown him the light，用 suddenly 强调顿悟，用 show the light 比喻灵光乍现，用 Buddha 还原了原文的佛教色彩。

霍克斯教授也采用了意译＋直译的方式，同时，还细致入微地将"醍醐灌顶"的字面意思也翻译出来了——like ghee poured upon the head。问题是这样面面俱到的翻译，把译文句子拉得很长，而且，外国读者能否理解"酥乳浇在头上"的象征意义也值得商榷。

第一百十七回，宝玉要随癞头和尚出家，王夫人和宝钗等众人苦劝，宝玉说了这样一句话："你们不知道，'一子出家，七祖升天'呢。"

霍克斯教授的译文：

> "Haven't you heard the saying: 'When one son becomes a monk, the souls of seven generations of ancestors go to Heaven'?"

杨宪益先生的译文：

> "Don't you know the saying, 'When one son renounces the world, seven of his ancestors will go to heaven'?"

"出家""遁世""当和尚"，原本是一回事儿，所以，霍克斯将"出家"译为 become a monk，杨先生则译为 renounce the world。对于"七祖升天"，两位大家的理解是不一样的。霍克斯认为是"七代祖先的灵魂升天（the souls of seven generations of ancestors go to Heaven）"，而杨先生则认为是"七个祖先要升天（seven of his ancestors will go to heaven）"。当然，这已经不是翻译的问题，而是一个升天名额的问题了。

《红楼梦》中出现了大量接地气的成语，文意虽浅，但道理深刻。正是这些鲜活的语言赋予了《红楼梦》强大的生命力。

《红楼梦》第八十一回，迎春所嫁非人，宝玉心中郁闷，王夫人开导他说："你难道没听见人说'嫁鸡随鸡，嫁狗随狗'，哪里个个都像你大姐姐作娘娘呢。"

"嫁鸡随鸡，嫁狗随狗"，这个成语的出处就是《红楼梦》，但在曹雪芹、高鹗之前，类似的话在民间恐怕已经说了一千年了。杜甫《新婚别》："父母养我时，日夜令我藏。生女有所归，鸡狗亦得将。""鸡狗亦得将"是诗人的语言，换作老百姓口中，恐怕就会变成"嫁鸡随鸡，嫁狗随狗"了。

杨宪益先生的译文：

"Surely you know the saying, 'Marry a cock and follow the cock; marry a dog and follow the dog'? How can every girl be like your eldest sister, chosen as an Imperial Consort?"

闵福德教授的译文：

> "You must know the old rhyme:
>
> When rooster crows at break of day,
>
> All his hen-folk must obey.
>
> No choice for a dog's wife
>
> But to make the best of a dog's life."

　　杨宪益先生和闵福德教授走的是截然不同的路子。杨先生的译文就是老百姓的大白话，直来直去，倒译回去还是"嫁了一只鸡，就跟着鸡；嫁了一只狗，就跟着狗"。可以说，与原文的形、意、神，甚至节奏，都完全吻合。

　　本来是老百姓口中的一句顺口溜，却被闵福德翻译成了一首颇为典雅的英诗，而且还是双韵史诗体，难免让读者产生一种"杀鸡用牛刀"的感觉。"嫁鸡随鸡，嫁狗随狗"只有 8 个字，闵福德的译文却用了 27 个单词，显得有些冗长。如果倒译回去，就更有意思了：天亮时公鸡一叫，所有的母鸡们都要听它的召唤；狗的妻子没有别的选择，只有尽心尽力过狗的生活。

《红楼梦》第六十五回，小厮兴儿对王熙凤的评价："嘴甜心苦，两面三刀"，"上头笑着，脚底下就使绊子"，"明是一盆火，暗是一把刀"，她都占全了。一句话里用了几个意思相近的成语来描述王熙凤，可见王熙凤是个多么厉害的角色。后来，"王熙凤"这三个字，差不多就成了表里不一、心狠手辣的代名词。

杨宪益先生的译文：

> She'll give you sweet talk when there's hatred in her heart, she's so double-faced and tricky. All the time she's smiling she tries to trip you up, making a show of great warmth while she stabs you in the back. That's the way she is.

霍克斯教授的译文：

> She's "soft of tongue and hard of heart," "two faces

and three knives," she'll "give you a smile and trip you up the while", she's "a welcoming fire when you see her, but a stab in the back when it's dark" – all those things and more...

霍克斯和杨宪益先生的译文十分接近，连所用的词汇都差不多。所不同的是杨先生将三个成语分拆成三个句子，而霍克斯则保留了三个成语的独立形态，用一个句子贯穿起来。汉语中"两面三刀"的字面意思有些模糊，"两面"好理解，"三刀"究竟是什么意思？杨先生将其译为 she's so double-faced and tricky，外国读者是很容易理解的；霍克斯教授将其直译为 two faces and three knives，外国读者根据上下文也能明白，不过，他们也许会有疑惑，Why three knives? Why not four or five?

成语是语言的精粹，也是文化的活化石，杨宪益、戴乃迭、霍克斯、闵福德四位翻译家，将 3000 多个汉语成语巧妙转换，与英文无缝对接，其中很多译文堪称经典，值得我们反复体味和钻研。

曹雪芹算得上
大诗人吗？

　　曹雪芹在《红楼梦》中不仅写了大量的诗词，还通过小说中的人物之口，说出了自己对诗词的见解，最为典型的就是第四十八回，"慕雅女雅集苦吟诗"——香菱学诗的那一段。

　　　　香菱向林黛玉请教如何作诗，林黛玉道："什么难事，也值得去学！不过是起承转合，当中承转是两副对子，平声对仄声，虚的对实的，实的对虚的，若是果有了奇句，连平仄虚实不对都使得的。"香菱笑道："怪道我常弄一本旧诗偷空儿看一两首，又有对的极工的，又有不对的，又听见说一三五不论、二四六分明。看古人的诗上亦有顺的，亦有二四六上错了的，所以天天疑惑。如今听你一说，原来这些格调规矩竟是末事，只要词句新奇为上。"黛玉道："正是这个道理，词句究竟还是末事，第一立意要紧。若意趣真了，连词句不用修饰，自是好的，这叫做不以词害意。"香菱笑道："我只爱陆放翁的诗：重帘不卷留香久，古砚微凹聚墨多。说的真有趣！"黛玉道："断不可学这样的诗。你们因不知诗，所以见了这浅近的就爱，一入了这个格局，再学不出来的。你只听我说，你若真心要学，我这里有《王摩诘全集》，你且把他的五言律读一百首，细心揣摩透熟了，然后再读一二百首老杜的七言律，次再李青莲的七言绝句读一二百首。肚子里先有了这三个人作了底子，然后再把陶渊明、应玚、谢、阮、庾、鲍等人的一看。你又是一个极聪敏伶俐的人，不用一年的工夫，不愁不是诗翁了！"

　　这番诗论虽然不长，却道出了古典诗歌创作的最基本法则。作诗必须讲究起承转合和声韵格律，但更重要的是立意，如果有了奇思妙想，也可以不在意音韵格律，即"不以词害意"；学诗起点一定要高，避免陷入浅近甚至空虚的格局，一旦形成习惯，日后很难提高。

　　林黛玉先给香菱讲了近体诗（律诗）的形式，涉及起、承、转、合、平、仄、虚、实和对仗等概念，看似轻描淡写，翻译成英语还真不是一件容易的事。英诗亦讲格律，但与中文诗的格律截然不同。英诗的节奏感主要靠轻重音节搭配形成的"音步"（meter/foot/measure）来实现，分为抑扬格、扬抑格、抑抑扬格等；韵律又分为行内韵和尾韵，也十分复杂。所以，翻译诗词难，翻译不同的诗词创作理论，特别是汉语格律诗的"平平仄仄"一类则是更大的挑战。

霍克斯教授的译文：

"In regulated verse there are always four couplets: the "opening couplet", the "developing couplet", the "turning couplet" and the "concluding couplet". In the two middle couplets, the "developing" and "turning" ones, you have to have tone-contrast and parallelism. That is to say, in each of those couplets the even tones of one line have to contrast with oblique tones in the other, and vice versa, and the substantives and none-substantives have to balance with each other – though if you have got a really good, original line, it doesn't matter all that much even if the tone-contrast and parallelism are wrong."

杨宪益先生的译文：

"In regulated verse it's just a matter of opening,

developing, changing and concluding; and the developing and changing couplets in the middle should be antithetical. A level tone should be contrast with a deflected one, an abstract word with a concrete one. But if you've got a really fine line, the rules can be disregarded."

近体律诗分为四联，即首联（一、二句）、颔联（三、四句）、颈联（五、六句）和尾联（七、八句），起着起承转合的作用。"起承转合"，霍克斯和杨宪益的翻译是一致的，opening, developing, turning (changing) 和 concluding。

平声和仄声是诗词格律的术语。汉语的声调分为平声、上声、去声和入声，平声是中平调，上声是升调，去声是降调，入声是短调。《康熙字典》里载有一首歌诀，可以帮我们了解古代四声的大概：平声平道莫低昂，上声高呼猛烈强，去声分明哀远道，入声短促急收藏。四声中平声自成一类，上、去、入合称仄声。对于"平声"

和"仄声",霍克斯的翻译是 even tone 和 oblique tone，杨先生的翻译则是 level tone 和 deflect tone。

香菱是个聪明人，一点就通，立刻联想到古代写诗的人常说的一句口诀：一三五不论，二四六分明。这句口诀是七言律诗平仄变通的规则，在一个七言律句之中，第一、三、五字可以用平声也可以用仄声，而第二、四、六字则必须平仄分明，不能随意。

杨宪益先生是用解释的方法翻译"一三五不论，二四六分明"的：

And I understood there was a rule that the first, third and fifth characters of a line needn't follow the tone pattern, but the second, fourth and sixth must abide strictly by it.

而霍克斯教授则译成了两句押韵的口诀：

For one, three and five

You need not strive;

But two, four and six

You must firmly fix.

接着，林黛玉又进一步解释了立意的重要性："词句究竟还是末事，第一立意要紧。若意趣真了，连词句不用修饰，自是好的，这叫做不以词害意。"

霍克斯教授的译文：

> As a matter of fact even the language isn't of primary importance. The really important things are the ideas that lie behind it. If the ideas behind it are genuine, there is no need to embellish the language for the poem to be a good one. That is what they talk about "not letting the words harm the meaning".

杨宪益先生的译文：

> The rules of prosody are secondary, the main thing is to have original ideas. For if there is feeling, a poem is good even if the lines are unpolished. This is what we mean by "not letting the words interfere with the sense".

霍、杨两位先生的翻译非常接近，甚至可以互为解释，language isn't of primary important（霍克斯）=rules of prosody are secondary（杨宪益），the ideas that lie behind it（language）（霍克斯）=original ideas（杨宪益）。"不以词害意"，两人的译法十分接近，只是个别用词的变化而已。

林黛玉还给香菱开了一个学诗的书单，她最推崇的是王维的五言、杜甫的七言和李白的绝句。王维含蓄蕴藉，空灵自然；杜甫格律严整，立意高远；李白豪迈奔放，气象万千。黛玉让香菱学这三位的诗，就是让她体会王维的意境、杜甫的格律和李白的想象。

曹雪芹借林黛玉之口，表达了自己诗词创作的观点，可以说是教科书级别的见解。但也有人质疑曹雪芹写诗的水平，认为他的诗远不如李、杜、苏、辛等一流的诗词大家。叶嘉莹先生也曾说过，经常有学生问她："老师，您是讲诗词的，那么，您觉得《红楼梦》中的诗词怎么样？"叶先生的答复是："我们对真正的诗人之诗和小说中的诗要分别来看，将《红楼梦》中的诗词与李白、杜甫、苏东坡、辛弃疾的诗词去对比是不公平的。"

　　《红楼梦》中的诗词出自曹雪芹之手，但不等同于就是曹雪芹的诗词。小说里的诗词，是曹雪芹根据不同人物的年龄、性别和性格以及故事情节的需要写出来的。林黛玉就是林黛玉，她再有才华，也只能写出《桃花行》《葬花吟》和《咏白海棠》来，如果让她写"大江东去，浪淘尽，千古风流人物"，那她就不是林黛玉了。贾宝玉熟悉的是"宝鼎茶闲烟尚绿，幽窗棋罢指犹凉"的生活，他怎么能有杜甫"艰难苦恨繁霜鬓，潦倒新停浊酒杯"的感时伤怀呢？

　　《红楼梦》中的诗词，是小说的重要组成部分，一定要放在小说里与人物的性格经历联系在一起去欣赏，才能帮助我们更好地理解这部伟大的作品。

后 记

近百年来，有不少中外学者向海外读者翻译介绍《红楼梦》，但就英文译本来说，全译本只有两个。一个是霍克斯和闵福德的译本 *The Story of the Stone*，另一个是杨宪益和戴乃迭的译本 *A Dream of Red Mansions*。

四位译者均是顶尖的翻译大师，他们不仅向英语读者介绍了《红楼梦》，也为中国文化的对外翻译树立了典范。这本《丹青难写是精神：〈红楼梦〉英译品读》是我近年来对照学习两个译本的心得。在品读《红楼梦》原著和这两个英译本的过程中，我愈加体会到中国文化的博大精深和翻译工作的艰苦卓绝。曹雪芹写作《红楼梦》，"披阅十载，增删五次"，霍克斯、闵福德翁婿接力，杨宪益、戴乃迭夫妻联袂，呕心沥血，数载译竟，成为中外文化交流的传奇。我每每读到原著和译文的妙处，不禁拍案叫绝，有一种喝一杯五粮液，再来一杯威士忌的微醺陶醉之感。

在写作过程中，得到了老领导黄友义、方正辉以及我夫人和朋友们的支持和鼓励。中国翻译家协会副会长、著名翻译家黄友义先生还为本书写了序言，褒奖有加，令我感愧。

　　由于学问和水平有限，不妥之处一定有很多，敬请读者指正。

王晓辉

二〇二一年一月

图书在版编目（ＣＩＰ）数据

丹青难写是精神：《红楼梦》英译品读 / 王晓辉著
. -- 北京：新世界出版社，2021.4
ISBN 978-7-5104-7276-3

Ⅰ.①丹… Ⅱ.①王… Ⅲ.①《红楼梦》-英语-文
学翻译-研究 Ⅳ.① H315.9 ② I207.411

中国版本图书馆 CIP 数据核字 (2021) 第 059577 号

丹青难写是精神：《红楼梦》英译品读

作　　者：王晓辉
责任编辑：楼淑敏
责任校对：宣　慧
装帧设计：魏芳芳
责任印制：王宝根
出　　版：新世界出版社
网　　址：http://www.nwp.com.cn
社　　址：北京西城区百万庄大街 24 号（100037）
发 行 部：(010)6899 5968（电话）(010)6899 0635（电话）
总 编 室：(010)6899 5424（电话） (010)6832 6679（传真）
版 权 部：+8610 6899 6306（电话） nwpcd@sina.com（电邮）
印　　刷：北京虎彩文化传播有限公司
经　　销：新华书店
开　　本：787 mm×1092mm 1/32 尺寸：145mm×210mm
字　　数：150 千字 印张：6.5
版　　次：2021 年 4 月第 1 版 2021 年 4 月第 1 次印刷
书　　号：ISBN 978-7-5104-7276-3
定　　价：68.00 元